Anselm Grün

Das kleine Buch vom wahren Glück

W0013203

Anselm Grün

Das kleine Buch vom wahren Glück

Herausgegeben von Anton Lichtenauer

HERDER 45

FREIBURG · BASEL · WIEN

Gedruckt auf umweltfreundlichem,
chlorfrei gebleichtem Papier

Originalausgabe

7. Auflage

Alle Rechte vorbehalten – Printed in Germany
© Verlag Herder Freiburg im Breisgau 2001
www.herder.de
Herstellung: fgb·freiburger graphische betriebe 2003
www.fgb.de
Typografie und Gestaltung:
smp-schmidt media production, Freiburg
Umschlaggestaltung und Konzeption:
R·M·E München / Roland Eschlbeck, Liana Tuchel
ISBN: 3-451-07007-3

Inhalt

Vorwort

Das Märchen von Hans im Glück hat etwas Irritierendes. Da wird einer von allen über den Tisch gezogen, verliert sein ganzes Hab und Gut, und steht am Schluss doch nicht als der Dumme, sondern als der Glückliche da. Die Weisheit hinter dieser Geschichte ist weniger für Kinder als für Erwachsene gedacht und heißt: Es gibt keinen festen Wechselkurs zwischen Besitz und persönlichem Glück. Das Konto kann voll und die Seele leer sein. Nichts ist wechselhafter als äußere Umstände.

Die Frage bleibt: Wie macht man sein Glück? Woran liegt es, ob es andauert? Wie hängt das Innere mit dem Äußeren zusammen?

Das Wort „Glück" kommt nicht oft vor in den Texten dieses Buches. Es wird nichts versprochen. Schnelle Rezepte gibt es nicht. Aber der geheime Schwerpunkt aller Gedanken ist die Überzeugung: Zum Unglücklichsein ist kein Mensch geboren. Nicht zur Angst, nicht zum Leiden an sich selber und an seiner Umgebung. Zur Freude, zur

Lust am Leben, zur inneren Freiheit sind wir, eigentlich, bestimmt.

Jeder will ja glücklich sein, am liebsten jetzt gleich und für immer. Keiner, der nicht davon träumt. Wie kommt es aber dann, dass so viele es dabei nur zur Meisterschaft in der Kunst, unglücklich sein, gebracht haben? Und dabei tun sie doch pausenlos alles für ihr Glück. Opfern ihre Zeit. Jagen Wunschzielen nach. Wollen es allen recht machen, perfekt sein. Beißen die Zähne zusammen und powern sich durch. Sind versichert gegen jegliches Risiko und offen für alles, was das Leben so bietet.

Anselm Grün fragt: Könnte es sein, dass wir vor etwas davonlaufen, wenn wir so hetzen? Wo ist das innere Feuer, wenn wir uns so ausgebrannt fühlen? Was ist der Grund der grassierenden Langeweile? Und wenn wir uns so schwer tun mit unserem Leben: Was steckt in dem großen, schweren Sack, den wir auf unserem Rücken schleppen und der einen so langen Schatten wirft?

Anselms Grüns Texte handeln oft von inneren Blockaden, von Fallen, die wir uns selber stellen. Er rät, dies zu sehen. Und erst einmal bei uns anzukommen, unsere wirklichen Gefühle und Gedanken wahrzunehmen. Beides sollte man kennen – zu seinem Glück: die eigenen Grenzen, aber auch die eigenen Träume und Sehnsüchte.

Glück ist ein leiser Vogel. Wie der Schlaf oder ein Traum wird er nicht kommen, wenn man ihn ruft. Streck ganz ruhig die Hand aus, und es kann sein, dass er sich darauf niederlässt. Greife nach ihm, und er ist verscheucht. Bewusst und gewollt das Glück anzustreben – das bringt nichts. Glück ist kein Ziel, zu dem man sich durchboxt. Es ist Überraschung, Beigabe.

Glück ist eine sanfte Gabe, die in den Schoß fallen mag. Also gilt: sanft mit sich umgehen. Barmherzig zu sich selber sein. Liebe geben und geliebt werden. Lieben und offen sein für Liebe. Nicht Habenwollen, sondern Hingabe macht lebendig. Und wer dankbar annimmt, was der andere uns schenkt, wird reich. Glück ist ein Geschenk.

Glück fällt einem zu. Ganz zufällig ist es allerdings nicht. Man kann etwas tun – zum Glück. Manchmal muss man sich nur die Augen reiben. Oder die dunkle Brille absetzen, die die Wahrnehmung verdüstert. Auch das gilt: achtsam sein auf das Geheimnis des eigenen Lebens. Bereit sein für unverhofften Besuch – und die Tür vor dem Glück nicht versperren.

Das ist das Paradox: Den inneren Frieden finden wir nicht, indem wir die ganze Welt erobern, sondern in uns selber. Wenn wir uns selber lieben, werden wir liebenswert. Wenn wir etwas ausstrahlen, verwandeln wir auch andere. Wer klammert, verweigert das Glück. Also heißt das: Halte nichts absolut fest. Weder Dinge, noch Gefühle, weder Besitz noch Urteile. Auch keine Bilder, weder von dir selber noch von anderen.

Überall dabei sein bringt es nicht. *Dasein* ist mehr – dasein im eigenen Leben, heute und hier, sich selbst zugewandt und offen für andere, durchlässig für das Traumbild unseres Glücks: „Folge deiner Lebensspur", sagt Anselm Grün. Diese Spur führt durch den eigenen Alltag – zum Eros der Lebendigkeit, zur Lust am Dasein, zum Bild vom eigenen Leben als traumhaftem Fest. Schon die Vorfreude darauf ist das reinste Glück.

Versöhn dich mit dir selbst
Der Weg zur Herzensruhe

Der Weg zur Herzensruhe

„Der, der ich bin, grüßt wehmütig den, der ich sein möchte." Hinter diesem Satz des dänischen Philosophen Kierkegaard steckt eine Erfahrung, die wir alle kennen: Unsere Realität – so wie wir sind – und unser Ideal – unsere Vorstellung davon, wie wir eigentlich sein möchten – klaffen oft genug auseinander. Es ist durchaus verständlich, dass jeder Mensch gern ein Ideal repräsentieren will. Ideale sind im Prinzip auch durchaus positiv, sie haben die Kraft, unser Wachstum herauszufordern; Ideale brauchen wir, damit wir herausgelockt werden aus unseren Bequemlichkeiten. Aber leider identifizieren sich viele mit ihrem Ideal in einem Maß, dass sie nicht mehr den Mut haben, sich erst einmal so anzunehmen, wie sie sind. Sie weigern sich, ihre Realität anzunehmen. Sie meinen, sie seien nur dann beliebt, sie würden nur dann anerkannt von anderen Menschen, wenn sie etwas vorweisen könnten, wenn sie etwas besser könnten als andere. So verschmelzen sie nahezu mit ihrer Idealvorstellung. Viele sind besessen von einem Urmisstrauen, dass sie so, wie sie sind, nicht anerkannt werden. Sie sagen sich: Wenn du wüsstest, wie ich wirklich bin, könntest du mich nicht mehr akzeptieren. Oder: Wenn die Menschen wüssten, wie es in mir ausschaut, welche Fantasien ich habe, dann hätten sie keine Achtung mehr vor mir. Diesem Urmisstrauen nicht zu verfallen, dass ich mich so, wie ich bin, den anderen nicht zumuten möchte, nicht in diese Falle zu tappen, verlangt Demut; es verlangt Mut zur eigenen Wahrheit – und Mut, die eigenen Schattenseiten zu akzeptieren. Es tut schlicht weh. Aber Verleugnung ist kein Weg zum Glück und zum inneren Frieden. Die eigene Wahrheit in aller Demut anzunehmen führt viel eher zur Ruhe des Herzens.

Zwing dich zu nichts

Wer sich zu etwas zwingt und sich dabei selber überfordert, steht seinem eigenen Glück im Wege. Die antike Sagenfigur des Prokrustes ist alles andere als ein Glückssymbol: Prokrustes, jener Wegelagerer, der jeden Wanderer, der bei ihm vorbeikommt, in sein Bett steckt, um ihn diesem Möbel anzupassen. Die zu kurzen Wanderer zieht er mit Gewalt lang, die zu langen hackt er ab. Beide, die kurzen wie die langen, sterben unter dieser Radikalbehandlung. Das Prokrustesbett ist sprichwörtlich geworden: Es steht einmal für zu hohe Ideale, mit denen wir uns überfordern, mit denen wir uns langdehnen und dabei das Leben verlieren, weil wir uns vor lauter Überforderungen letztlich töten. Es steht aber auch dafür, dass wir zu klein von uns denken, dass wir uns ständig nur mit Schuldgefühlen zerfleischen und gering machen; das ist ebenso schädlich wie ein zu hohes Ideal.

Vollkommen ganz

„Seid vollkommen", heißt es in der Bibel. Man muss jedoch genau hinhören, was hier gemeint und gesagt ist. Sicherlich ist nicht der Vollkommenheitswahn der Perfektionisten verlangt. Dieses Wort „vollkommen", „teleos" im Griechischen, meint eigentlich vollständig, ganz sein, auf ein Ziel gerichtet sein; das Wort „telos" kommt aus der Mysteriensprache und bedeutet ursprünglich „eingeweiht werden in das Geheimnis Gottes". Wenn wir dafür unseren Begriff der Vollkommenheit anwenden, gehen wir an diesem Gehalt vorbei. Die Lateiner haben es schon missverstanden; denn auf sie geht die Übersetzung zurück: „perfecti estote, seid perfekt". Aber Perfektsein ist etwas anderes als „vollkommen ganz sein". Jesus, interpretiert dieses Wort „vollkommen" ja mit: „wie euer himmlischer Vater, der seine Sonne über Guten und Bösen scheinen lässt". Er verbindet beide Pole, Licht und Dunkelheit, das Gute und das Böse.

Die Himmelsleiter

Die geistliche Tradition kennt das Bild der Himmels-
leiter. Der spirituelle Weg ist durchaus einer Leiter
vergleichbar, die nach oben führt. Aber diese Leiter
ist zugleich auch tief in die Erde eingerammt. Sie
führt nur weiter, wenn wir unser Menschsein annehmen. Das ist das christliche Paradox: Wer hinab-
steigt, der steigt hinauf. Wer hinaufsteigen möchte,
um seiner Erdhaftigkeit zu entrinnen, der wird immer wieder herunterfallen – und mit seinem Vorha-
ben scheitern. Nichts anderes besagt das Wort Jesu:
Wer sich selbst erniedrigt, wird erhöht werden, wer
sich selbst erhöht, wird erniedrigt werden. Oder, wie
es der Epheserbrief ausdrückt: Nur der steigt also
zum Himmel empor, der zuvor hinabgestiegen ist –
auf die Erde oder in seinen eigenen Hades.

Was Fehler zeigen können

Wir können unsere Schwächen und auch unsere Schattenseiten nie ganz eliminieren. Aber wir können lernen, mit ihnen anders umzugehen. Fehler an sich sind ja nicht so schlimm: Wenn wir uns z. B. versprechen, wenn wir uns blamieren, wenn wir etwas vergessen – das ist keine Tragödie. Aber es gibt bei vielen die Tendenz zu sagen: Wenn ich einen Fehler begehe, bin ich nichts wert; dann werde ich abgelehnt. Diese falsche Grundannahme lässt sie geradezu fixiert sein auf ihre Fehler. Die Folge: Man möchte unter allen Umständen Fehler vermeiden. Aber die Erfahrung zeigt: Wer jeden Fehler vermeiden möchte, dem passieren sie erst recht. Wer immer alles kontrollieren möchte, dem gerät sein Leben außer Kontrolle. Zu meinem Menschsein gehört, dass ich Fehler begehen darf. Und genauso gehört dazu, dass ich mit meinen Fehlern und trotz meiner Schwächen angenommen und geliebt werde. Freilich gehört zum Menschsein auch, dass wir an den Fehlern arbeiten, dass wir nicht einfach die Hände in den Schoß legen und sagen: So bin ich, anders könnt ihr mich nicht haben. Aber: Erst wenn ich mich wirklich annehme – und zwar mit meinen Fehlern –, kann ich diesen zweiten Schritt machen und manches zu verbessern suchen. Darauf zielt ja Askese: dass ich mich trainiere, dass ich mich in eine Form bringe, die mir gut tut, dass ich in einen Zustand komme, in dem ich mich frei fühle. Freilich: Auch Askese wird nie dahin führen, dass wir keine Fehler machen; die Fehler werden immer wieder zu uns kommen und mir immer neu zeigen, dass ich Mensch bin und nicht Gott.

Wer Neues wagt, zeigt Mut

Wir leben in einer Welt und in einer Gesellschaft, die Schwächen gegenüber nicht nachsichtig gesinnt ist. Gewiss, es ist notwendig, dass man sich in seinem Beruf bemüht, fehlerfrei zu arbeiten. Aber: In den Betrieben zeigt sich oft auch, dass diejenigen, die absolut keine Fehler begehen wollen, nie etwas Neues schaffen. Manager, die nur fehlerfrei erscheinen wollen, kleben an ihrem Stuhl, am Erhalt ihrer Macht. Sie haben Angst vor dem Neuen. Wer Neues wagen will, macht auch Fehler. Fixierung auf Fehlerfreiheit lähmt – und führt dazu, dass wir nur immer das Alte wiederholen und voller Angst darauf achten, dass uns niemand etwas nachweisen kann. Ich denke: Daran ist der Mangel an Mut und Vertrauen schuld. Eine solche Haltung macht übervorsichtig – und letztlich unglücklich.

Nimm deine Grenzen an

Jeder Perfektionsdrang hat mit Allmachtsfantasien zu tun. Der Mensch erfährt sich als Kind hilflos und ohnmächtig, aber er möchte dieser Hilflosigkeit, die mit seinem Menschsein einfach gegeben ist, entfliehen. Eine Möglichkeit zu solcher Flucht sind diese Allmachtsfantasien: dass ich der Stärkste bin, dass ich alles kann, was ich will. Aber das ist eben eine Illusion. Hierin liegt letztlich auch die Ursünde: sein zu wollen wie Gott, keinen Fehler zu haben, alles zu können, was ich will. Das ist eine Versuchung, die nicht zum Leben führt, sondern den Menschen sich selbst entfremdet und letztlich aus dem Paradies vertreibt. Nicht der Zwang zur Perfektion, sondern nur das Eingeständnis meiner Menschlichkeit und meiner Ohnmacht führt dazu, dass ich innerlich frei werde, dass ich dann aber auch das tue, was in meiner Macht steht. Es geht immer um die richtige Spannung zwischen Macht und Ohnmacht. Beide gehören zu uns. Der Mensch ist nicht nur ohnmächtig und hilflos, sondern er kann auch etwas bewirken. Macht ist ja auch etwas Positives. Etwas vermögen und können, etwas gestalten, Leben formen, das gehört zu unseren positiven Möglichkeiten. Nur sollten wir dabei immer unsere eigenen Grenzen wahrnehmen. Ich kann nicht alles, was ich will. Ich muss spüren, was meine Veranlagung, was für mich möglich ist. Sicher: Ich kann bis an Grenzen gehen. Aber auch deshalb, um sie erfahren und annehmen zu können.

Jeder ist besonders

Viele Menschen möchten etwas Besonderes sein. Und natürlich ist jeder Mensch auch etwas Einmaliges. Aber „ihr" Besonderes sehen viele nur in größerer Macht, in größerem Besitz. Ich muss jedoch auch in mich hineinschauen: Was ist meine Lebensgeschichte, was sind meine Verletzungen, was ist meine Sensibilität? Denn alles dies gehört zu mir – auch meine Verletzungen, meine Fehler, meine Schwächen. Nicht nur meine Stärken. Nur wenn ich mich damit aussöhne, entdecke ich, dass ich einzigartig bin, ein einmaliger Ausdruck Gottes. Wenn ich jedoch etwas Besonderes sein will und dafür meine Menschlichkeit überspringe, dann werde ich immer auf die Nase fallen.

Mut zur Menschlichkeit

Mich selbst anzunehmen – so wie ich bin –, das gehört sicher mit zum Schwierigsten, was von mir verlangt ist. Dazu braucht es Demut, und die Demut verlangt dies: hinabzusteigen in die Abgründe meiner Seele, in die Dunkelheit, in meine aggressiven, mörderischen, sadistischen, masochistischen Tendenzen. Jeder, der ehrlich sich selber gegenüber ist, wird sie in sich spüren. Demut verlangt, dass ich hinabsteige in diesen Abgrund, in diese meine Hilflosigkeit. Das ist gewiss das Allerschwierigste. Aber genau das meint das christliche Wort von der Humilitas, von der Demut: den Mut zu haben, hinabzusteigen in die Menschlichkeit. Leider versuchen viele Christen, die ganz christlich sein wollen, diesen Weg zu überspringen. In Amerika spricht man von spirituellem Bypassing, also von spiritueller Abkürzung. Wer so handelt, möchte sich an schönen religiösen Gedanken, Gefühlen, Idealen erbauen und zugleich seiner Menschlichkeit entkommen.

Der unerlöste Rest

Wir brauchen nur in unsere Träume zu schauen, um zu erfahren: So moralisch einwandfrei sind wir gar nicht, wie wir das nach außen hin darstellen wollen. Aber das ist für mich das Tröstliche der christlichen Botschaft: Jesus ist hinabgestiegen in den Hades, in das Höllenreich – in meine eigene Hölle. Er hat alles Tote, Verweste, Verdrängte zärtlich berührt und führt es wieder neu zum Leben. Das Wichtigste ist das Vertrauen darauf, dass alles sein darf. Doch viele Menschen haben Angst davor, in sich hineinzuschauen, weil sie meinen, ihr ganzes Lebensgebäude würde dann zusammenfallen. Wenn man sie nach ihrer Angst befragt, sagen sie: Ich habe dann keinen Halt mehr. Oder: Ich bin ganz schlimm, ich werde etwas entdecken, was mich zerstört, womit ich nicht zurechtkomme, was ich nicht aushalten kann. Entscheidend aber ist, dass ich dies alles nicht alleine anschauen muss und mich deshalb nicht unter Leistungsdruck zu stellen brauche. Ich kann dies immer unter den milden

Augen Gottes tun. Vor Gott bin ich mir bewusst:
Alles darf sein, es gibt nichts Schlimmes; nichts,
was in mir ist, macht mich schlecht, alles kann verwandelt werden – auch mein unerlöster Rest.

Fremdbestimmung

Viele Menschen machen sich völlig abhängig von den Urteilen und Maßstäben ihrer Umgebung. Heute gilt nicht die Frage, wie bekomme ich einen gnädigen Gott, sondern wie bekomme ich einen gnädigen Mitmenschen. Wir sind darauf aus, die Erwartungen der anderen zu erfüllen, bei allen beliebt zu sein. Aber das führt uns nicht zur Freiheit, nicht zum Menschsein und nicht zu unserer Würde. Im Gegenteil: Ständig kreisen wir dann um das, was die anderen über uns denken, was sie erwarten, was sie möchten. Unser ganzes Lebenskonzept baut dann darauf auf, bei anderen beliebt zu sein. Das aber ist gegen unsere Würde.

Vergebung erfahren

Wer zu sehr auf Perfektion fixiert ist, dem möchte ich sagen: Sogar die Sünde kann mich dazu bringen, mein selbstgebautes Lebenskonzept, das mich einengt und wie eine Mauer umgibt, zu überwinden, die Begrenzung über den Haufen zu werfen und Gott an mich heranzulassen. Jesus hat sich ja nicht umsonst den Sündern zugewandt. Die Sünder spüren noch, dass sie auf Gott angewiesen sind, während der Perfekte sich gegen alles abschirmt und letztlich auch Gott nicht an sich heranlässt. Natürlich werden wir immer wieder schuldig, ob wir wollen oder nicht. Zur Schuld gehört aber zunächst einmal das Eingeständnis meiner Menschlichkeit, dann das Sich-Gott-Hinhalten und die Erfahrung von Vergebung: dass ich angenommen bin auch mit meiner Schuld, dass ich nicht festgelegt bin durch meine Schuld, dass ich nicht festgelegt bin durch meine Vergangenheit. Das ist doch der Kern der christlichen Botschaft: dass wir immer wieder neu an-

fangen können und nie einfach durch die Schuld
gescheitert sind, dass unser Leben immer wieder
neu und ganz werden kann.

Schritte aus der Perfektionismusfalle

Gelassenheit, Freiheit, Selbstwertgefühl, Glück – das ist nicht vereinbar mit der Angst, die hinter dem Perfektionismus steckt; mit der tiefen Angst vor der Wertlosigkeit. Warum möchte ich denn eigentlich perfekt sein? Fühle ich mich nur wertvoll, wenn ich keine Fehler mache? Steckt dahinter die Angst, dass ich nur wertvoll bin, wenn ich etwas leiste, wenn ich eben fehlerfrei bin?

Es gibt einen Weg aus der Perfektionismusfalle. Nur zwei Schritte sind letztlich nötig, um diesen Weg zu gehen:

Der erste Schritt ins Freie kann nur sein, diese Angst zu entlarven. Erst, wenn die Angst durchschaut ist, kann ich die frohe Botschaft vernehmen, die heißt: Du bist wertvoll, weil du bist. Und nicht nur dann, wenn du perfekt bist. Der zweite Schritt wird sein: nachzuforschen, warum es mir so viel ausmacht, einen Fehler zu begehen. Was ist die Grundangst? Weil der Fehler so schlimm ist? Oder ist es die Angst vor dem Urteil der Menschen? Habe ich solch ein Idealbild von mir selbst, dass ich ohne es gar nicht leben kann? Was geschieht denn, wenn ich den Fehler eingestehe? Ich muss zwar von manchen Illusionen Abschied nehmen, doch wäre vielleicht gerade dies der Weg zur inneren Freiheit. Was ist eigentlich meine tiefste Sehnsucht, wenn ich fehlerfrei sein möchte? Und weiter: Wenn ich einen Fehler begehe, ist es denn so schlimm? Was geht denn dann zu Bruche? Nur meine Illusion? Oder die übertriebene Erwartung der anderen? Aber muss ich denn die Erwartungen erfüllen?

Auch die Großen waren Menschen

Es ist eine tröstliche Botschaft der Bibel: Auch die großen Gestalten der Heilsgeschichte waren Menschen. Wenn wir Paulus oder Petrus oder Moses oder David nachfolgen wollen, heißt das keineswegs, dass wir perfekt sein müssen. Diesen großen Vorbildgestalten nachzufolgen bedeutet etwas anderes. Es heißt, dass wir uns immer wieder neu in unserer Situation mit unseren Fehlern und Schwächen, aber auch mit unseren Fähigkeiten fragen, was Gott von mir will, was meine ureigene Sendung ist. Und: Auch meine Fehler können durchlässig werden für Gott. Denn wenn ich Fehler habe, dann bin ich dem anderen gegenüber sensibler, werde mich nicht über ihn stellen, sondern werde barmherziger sein – und das ist dann wie eine Verkündigung von Gottes Barmherzigkeit und Liebe. Der perfekte Mensch verkündet das Bild eines Buchhaltergottes, der genau nachrechnet, ob etwas in Soll oder in Haben gebucht wird, das Bild eines Leistungsgottes, die Gottesperfektion. Aber

Jesus verkündet den Vater – natürlich auch den, der uns herausfordert, aber vor allem den barmherzigen Vater, der uns annimmt, wie wir sind.

Nur die Liebe

Wir können uns selbst nicht erkennen, wenn wir uns nicht lieben. Und nur die Liebe lässt uns tiefer in uns eindringen und erkennen, wer wir in Wahrheit sind. Sich selbst zu lieben ist etwas anderes, als um sich selbst zu kreisen.

Nimm dich nicht zu ernst

Es braucht das Lächeln eines Kindes, um Dich selbst annehmen und lieben zu können, den feinen Humor eines Menschen, der in seinem Herzen noch Kind geblieben ist. Wer sich zu ernst nimmt, der muss sich entweder groß machen und als wichtige Persönlichkeit gebärden, oder aber er verachtet sich selbst und macht sich kleiner, als er in Wirklichkeit ist. Dich selbst lieben heißt, Dich so lieben, wie Du geworden bist.

Sei zärtlich zu dir selber

Sich mit sich selbst versöhnen heißt: Frieden stiften mit mir selbst, einverstanden sein mit mir, so, wie ich geworden bin. Den Streit schlichten zwischen den verschiedenen Bedürfnissen und Wünschen, die mich hin und her zerren. Die Spaltung aufheben, die sich in mir auftut zwischen meinem Idealbild und meiner Realität. Die aufgebrachte Seele beruhigen, die sich immer wieder auflehnt gegen meine Wirklichkeit. Und es heißt, das küssen, was mir so schwerfällt, meine Fehler und Schwächen küssen, zärtlich umgehen mit mir selbst, gerade mit dem, was meinem Idealbild widerspricht.

Geh barmherzig mit dir um

Barmherzig mit sich selbst umgehen, heißt zärtlich zu sich sein, gut mit sich umgehen, nicht gegen sich wüten, sich nicht mit Vorsätzen überfordern, sondern zunächst einmal: ein Herz haben für das Schwache und Verwaiste in mir.

Wir gehen oft sehr unbarmherzig mit uns um. Wir verurteilen uns, wenn wir einen Fehler machen. Wir beschimpfen uns, wenn etwas einmal schief läuft.

Wir haben in uns ein hartherziges Über-Ich, das all unsere Gedanken und Gefühle beurteilt, das uns bestraft, wenn wir seinen Forderungen nicht entsprechen. Gegen dieses unbarmherzige Über-Ich kommen wir oft nicht an. Da brauchen wir die Worte Jesu, der uns den barmherzigen Vater vor Augen führt, der den verlorenen Sohn nicht verstößt, sondern ein Fest mit ihm feiert, weil er, der verloren war, wieder gefunden wurde, weil er, der tot war, wieder zum Leben erweckt wurde. Da brauchen wir einen

Engel der Barmherzigkeit, der den inneren Richter in uns entmachtet und unser Herz mit erbarmender Liebe erfüllt.

In Berührung mit dem eigenen Herzen

Ich kenne viele Menschen, die sich barmherzig für kranke und einsame Menschen einsetzen, die aber ganz und gar unbarmherzig mit sich selbst umgehen. Doch solche Unbarmherzigkeit sich selbst gegenüber wird auch die Hilfe andern gegenüber verfälschen. Da wird sich in meine Liebe ein Besitzanspruch einschleichen. Da bin ich dann ärgerlich, wenn meine übergroße Liebe nicht honoriert wird. Damit ich den andern von Herzen liebe, damit ich wirklich ein Herz für ihn oder sie haben kann, muss ich zuerst selbst in Berührung kommen mit meinem Herzen, muss ich mein Herz zunächst all dem Armen und Unglücklichen in mir zuwenden. Dann werde ich andere nicht verurteilen, sondern ich werde sie gerade mit all dem Unglücklichen, Zerrissenen, Elenden, Unansehnlichen in mein Herz aufnehmen. Dann wird meine Hilfe ihnen kein schlechtes Gewissen vermitteln. Sie werden vielmehr Platz und Heimat finden in meinem Herzen.

Versöhnt und einverstanden

Nur wenn ich mit mir selbst versöhnt bin, kann ich
auch daran denken, Menschen in meiner Umgebung, die mit mir und mit andern im Streit liegen,
zu versöhnen. Menschen, die in sich gespalten und
unversöhnt sind, werden auch um sich herum
Spaltung hervorrufen.

Akzeptiere deine Gefühle

Männer tun sich oft schwer, sich mit ihren Gefühlen und mit ihrem Innenleben zu beschäftigen. Sie gehen der ehrlichen Selbsterkenntnis lieber aus dem Weg und verlagern ihre Energie auf den Beruf, in dem sie sich für ihre Familie aufopfern. Doch je weniger sie sich selbst erkennen, desto mehr Angst haben sie vor dem Unbekannten in sich. Und desto ängstlicher reagieren sie auf das, was die Kinder ihnen als Spiegel vor Augen halten.

Entwerte dich nie

Demütige Menschen sind nicht Menschen, die sich selbst klein machen, die sich vor allen Aufgaben drücken, weil sie sie sich nicht zutrauen. Es sind nicht bucklige Menschen, die in falscher Unterwürfigkeit sich selbst entwerten. Sondern es sind Menschen, die den Mut zu ihrer eigenen Wahrheit haben und daher bescheiden auftreten. Sie wissen, dass alle Abgründe dieser Welt auch in ihnen sind. Daher verurteilen sie niemanden. Weil sie sich zur Erde ihrer Wahrheit gebeugt haben, können sie zu Engeln der Demut werden, die gebeugte und gescheiterte Menschen aufrichten.

Entdecke dein Selbst

Wir brauchen nicht zu warten, bis wir alle Verletzungen durchschaut und bearbeitet haben. Entscheidend ist, dass wir unser Selbst entdecken. Die Begegnung mit Jesus könnte uns helfen, in allen Verstrickungen unserer Lebensgeschichte und durch solche Verstrickungen hindurch dieses unverletzte und authentische Selbst zu erkennen und uns im Gebet immer wieder in das innere Heiligtum zurückzuziehen, in dem wir unverletzbar sind und schon ganz, in das die Verletzung durch andere keine Kraft hat. Dann werden wir unsere eigene Lebensspur finden, die dazu führt, dass unsere ursprüngliche und unversehrte Gestalt immer mehr zum Vorschein kommt.

Ein heiliger Raum

Die Mystiker sagen es: In jedem von uns existiert ein Raum der Stille und Freiheit. Diesen Raum müssen wir nicht erst schaffen, er ist schon in uns. Hier sind wir ganz und heil. Dieser Raum ist nicht beschädigt durch unsere Fehler und Schwächen, nicht beeinträchtigt durch die Urteile und Verurteilungen der Menschen, durch ihre Erwartungen. Hier können wir ausruhen, weil dort Gott selber in uns wohnt. Wenn wir mit diesem Raum in Berührung kommen, dann haben Fehler keine Macht mehr über uns, dann können wir sie zulassen, weil wir wissen, es gibt diese lautere und unversehrte Wirklichkeit in uns. Ich kann immer wieder die Erfahrung dieses inneren Raums machen, ich kann sie jedoch nicht erzwingen. Aber wenn ich mich einer Meditation hingebe oder wenn ich mich einfach ganz vergesse – zum Beispiel im Schauen auf einen Sonnenaufgang –, dann ahne ich etwas von diesem Einssein, Heilsein; dann fällt dieser Zwang ab, perfekt sein zu müssen; dann spüre ich, es ist einfach gut. Viele Menschen, viel mehr als wir denken, machen diese Erfahrung des Einssein mit sich, mit der Natur. Einverstanden sein mit dem Leben, das ist für mich eine tiefe spirituelle Erfahrung. Die Bibel, der Hebräerbrief, spricht vom Allerheiligsten, in das Christus eingezogen ist, und in das wir jetzt schon eintreten können. Eckehart spricht vom „Seelenfünklein", Teresa vom „innersten Gemach der Seelenburg", oder denken wir auch an die „innere Zelle" der heiligen Katharina von Siena. Das sind Bilder, die uns helfen können. Man kann das freilich immer nur im Augenblick erfahren. Man kann diese Erfahrung nicht festhalten. Aber sie gehört zu den tiefen spirituellen Momenten wirklichen Glücks. Sie ist der Grund tiefster Heiterkeit.

Heiterkeit steckt an

In der Nähe eines heiteren Menschen kann man sich nicht über den Weltuntergang unterhalten. Da kann man sich nicht in einem Jammern über die Zustände dieser Welt ergehen. Der Heitere verschließt die Augen nicht vor der konkreten Situation dieser Welt. Er verdrängt das Dunkle nicht. Aber er sieht alles aus einer anderen Perspektive heraus, letztlich aus einer Perspektive des Geistes, der auch die Finsternis durchschaut, bis er auf den leuchtenden Grund Gottes darin stößt.

Nähe, die gut tut

Einem heiteren Menschen kann man keine Angst einjagen. Er ruht in sich. Und so kann ihn nichts umwerfen. Wenn Du mit einem so heiteren Menschen sprichst, dann kann sich auch Dein Inneres aufheitern, dann siehst Du auf einmal Dein eigenes Leben und Deine Umgebung mit anderen Augen. Es tut Dir gut, in der Nähe eines heiteren Menschen zu sein. Du weißt, wie niederdrückend Menschen sein können, die alles durch ihre dunkle Brille sehen, die fixiert sind auf das Negative, das sie überall entdecken. Der heitere Mensch hellt Dich auf. Du fühlst Dich auf einmal leicht. So wünsche ich Dir die Begegnung mit vielen Engeln der Heiterkeit.

Alles ist gut

Heiterkeit ist nicht einfach nur eine Charakterei-
genschaft, mit der man geboren wird. Sie entsteht
durch ein großes Vertrauen, dass man so, wie man
ist, bedingungslos angenommen ist, dass alles
letztlich gut ist. Und sie entsteht durch den Mut,
die eigene Wahrheit anzuschauen.

Wenn das Glück zu Besuch kommt
Sei achtsam auf das Wunder

Das Glück kommt zu Besuch

„Es gibt nur einen angeborenen Irrtum, und es ist der, dass wir da sind, um glücklich zu sein." Von Arthur Schopenhauer stammt dieser Satz, und er scheint zu bestätigen, dass Schopenhauer ein hoffnungsloser Pessimist war. Dennoch steckt auch in diesem Satz ein Stück Wahrheit. Je mehr wir direkt das Glück wollen, desto weniger werden wir es erreichen. Ich kann das Glück nicht bewusst anstreben. Glücklich werde ich sein, wenn ich liebe, wenn mir etwas gelingt, wenn ich etwas erfahre, was mich tief berührt. Ich kann mich für die Liebe entscheiden.

Ich kann mich bemühen, meine Arbeit gut zu tun, damit sie mir gelingt. Ich kann mich der Musik aussetzen, einen Spaziergang durch eine wunderschöne Landschaft machen. Wenn ich ganz in dem bin, was ich gerade tue, im Musikhören, im Wandern, im Schauen, im Schmecken, dann kommt das Glück zu mir.

Ich kann nicht zum Glück kommen, um es zu erhaschen. Das Glück wird mich besuchen, wenn ich mich auf das Leben einlasse, wenn ich offen bin für das Überraschende, das das Leben für mich bereithält.

Sieh hinter die Dinge

Wir sehen oft nur die Oberfläche. Wir sehen, was in der Welt geschieht. Aber wir erkennen den Sinn nicht. Wir sehen die Natur, aber wir blicken nicht durch die Schönheit der Schöpfung auf den Schöpfer. Erneuerung unseres Denkens würde heißen, dass wir hinter die Dinge schauen, dass wir Gott als den eigentlichen Grund allen Seins erkennen. Wir müssen dieses neue Schauen einüben. Es geht nicht von alleine. Wir hören auf, über einen Menschen und über die Dinge zu urteilen. Wir schauen den Menschen an. Wir sehen seine Fehler und Schwächen, aber wir sehen dahinter, auf seine Lebensgeschichte und auf seine eigentliche Gestalt, wie sie sich Gott ausgemalt hat. Wir sehen auf die Geschehnisse unseres Alltags und erkennen in ihnen Gottes Handeln. Wir schauen in die Landschaft und sehen in ihr den Geist Gottes, der alles durchweht und durchdringt.

Glückliche Ochsen?

„Wäre das Glück in den Freuden des Leibes, so dürften wir die Ochsen für glücklich halten, wenn sie wilde Zuckererbsen zu fressen finden." Der antike griechische Philosoph Heraklit hat seine Philosophie vom Glück so drastisch ausgedrückt. Trotzdem hat er nicht ganz recht: Wenn ein Kind glücklich ist, drückt es das Glück im Leib aus. Das Glück ist leibhaft. Wenn wir uns wohl fühlen in unserem Leib, ist das schon eine Ahnung von Glück. Für Heraklit besteht das Glück nicht in den Freuden des Leibes. Ist das Ausdruck asketischer Leibverachtung? Ich denke nicht. Im Leib fühle ich mich glücklich, wenn ich in Beziehung bin mit meinem Leib, wenn mein Geist im Leib wohnt, wenn ich meinen Leib liebe und in diesem Leib mein Selbst. Nicht die Erfüllung leiblicher Bedürfnisse macht glücklich. Denn die kann auch zu einer Sucht werden, die zum Unglück führt. Nur wenn der Geist im Leib wohnt, wenn der Geist mit den Sinnen des Leibes schaut, hört, riecht, schmeckt und betastet, wird er das Glück leibhaft erleben. Aber zum Glück gehört immer auch die Grenze. Ich kann beim Schmecken einer süßen Speise Glück erfahren, aber nur, wenn ich ganz im Schmecken bin, ganz in diesem Augenblick. Wer alles in sich hineinschlingt, wer beim Essen Angst hat, zu kurz zu kommen, der kann nicht genießen. Genießen setzt Verzichten voraus, Glück die Askese.

Lebenslust beginnt am Morgen

Der Engel der Lebenslust beginnt schon am Morgen damit, mir die Augen zu öffnen für das Geheimnis dieses Tages, für die kleinen Freuden, die für mich bereitliegen, für die frische Luft, die durch das offene Fenster einströmt, für meinen Leib beim Duschen, für das frische Brot beim Frühstück, für die Begegnung mit Menschen, mit denen ich heute zu tun habe. Der Engel der Lebenslust nimmt mich an die Hand und zeigt mir, dass das Leben in sich schön ist. Es ist schön, gesund zu sein, seinen Leib zu bewegen. Es macht Spaß, frei durchzuatmen. Und es ist eine Freude, die täglichen Überraschungen des Lebens bewusst wahrzunehmen.

Das Leben – ein Fest

Für die stoische Philosophie ist unser Leben ein permanentes Fest. Wir feiern, dass wir Menschen sind mit einer göttlichen Würde. In der Langsamkeit unserer Bewegungen wird etwas von diesem Fest erfahrbar. Wir fassen die Dinge langsam an, wir schreiten langsam. Wir lassen uns Zeit für ein Gespräch. Wir lassen uns Zeit zum Essen. Wir essen ganz langsam und bewusst. Und auf einmal merken wir, wie gut es schmeckt. Wir können genießen. Wir feiern auch ein Fest, wenn wir ganz langsam eine Scheibe Brot kauen.

Genieße jetzt!

Wer ständig hungert, kann sich nicht satt essen,
wenn der Tisch überreich gedeckt ist.

Sommerfreuden

Wenn Du im Sommer morgens durch eine taufrische Wiese wanderst, dann fühlst Du Dich frischer und lebendiger. Dein ganzer Leib wird erfrischt, wenn Du barfuß durch die Wiese läufst. Der Tau lädt Dich aber auch dazu ein, die Wiese einfach anzuschauen und über das Spiel des Lichtes in den Tropfen zu staunen. Es ist etwas Unberührtes. Du scheust Dich, dieses Geheimnisvolle zu zerstören. Es lädt Dich ein, einfach zu schauen, zu betrachten, zu staunen. Der Sommermorgen lässt die Seele wieder froh werden. Da kann man den Psalmvers gut verstehen: „Wenn man am Abend auch weint, am Morgen herrscht wieder Jubel" (Ps 30, 6). Der Tau wischt die Sorgen des vergangenen Tages von der Seele ab und lässt sie wie neu erscheinen.

Nichts Besonderes?

Achtsamkeit hat zu tun mit Erwachen. Wer achtsam auf seinen Atem achtet, wer achtsam seine Schritte lenkt, wer achtsam den Löffel in die Hand nimmt, wer ganz bei dem ist, was er gerade tut, der wacht auf. Die Achtsamkeit möchte uns in Kontakt bringen mit den Dingen, mit den Menschen. Ein Zen-Mönch wurde einmal gefragt, was er denn für eine Meditationspraxis habe. Er antwortete: „Wenn ich esse, dann esse ich. Wenn ich sitze, dann sitze ich. Wenn ich stehe, dann stehe ich. Wenn ich gehe, dann gehe ich." Da meinte der Frager: „Das ist doch nichts Besonderes. Das tun wir doch alle." Da sagte der Mönch: „Nein, wenn Du sitzt, dann stehst Du schon. Und wenn Du stehst, dann bist Du schon auf dem Weg."

Wunder geschehen

„Wo kein Wunder geschieht, ist kein Beglückter zu sehn." Friedrich Schiller hat diese mehr auf den ersten Blick überraschende Wahrheit formuliert. Er hat in seinem Gedicht „Das Glück" dargestellt, wie das Glück nicht durch eigene Leistung erkauft oder durch eigene Anstrengung erwirkt werden kann. Glück ist in der Tat letztlich immer Geschenk, immer ein Wunder.

Wunder kann man nicht machen.
Wunder geschehen.
Wunder überraschen uns.
Wunder stellen sich ein.
Und Wunder kommen immer vom Himmel. Sie fallen auf uns herab. Wir können nur die Hände aufhalten, damit das Wunder nicht an uns vorüberfällt. Unsere Aufgabe ist, das Wunder des Glücks zu ergreifen, das Gott uns zuwirft.

Lass das Fremde zu

Der Mensch ist seinem Wesen nach ein Empfangender, ein Annehmender.

Bevor er selbst tätig wird, muss er zuerst einmal die Welt, die ihm vorgegeben ist, erkunden und annehmen. Er muss zulassen, was ist. Er muss dem, was ihm voraus ist, erlauben, dass es so ist, wie es ist.

Der Geist des Menschen ist davon abhängig, dass er durch die Sinne Eindrücke und Bilder empfängt. Im Verstand ist nichts, was nicht vorher in den Sinnen war, sagt Thomas von Aquin. Der Verstand wird erst tätig, wenn die Sinne ihm etwas darbieten. Und die Sinne können nur anbieten, was sie vorher aufgenommen haben.

Der Mensch kann also nur erkennen, wenn er der Welt Zutritt zu seinen Sinnen, zu seinem Denken gewährt, wenn er zulässt, dass etwas Fremdes in ihn eintritt. Die Welt ist ihm zwar vorgegeben. Aber es genügt nicht, das Vorhandene nur zu konstatieren. Der Mensch muss die Welt auf sich zukommen lassen, er muss sie zulassen; er muss ihr gewähren, dass sie sich ihm zeigen und offenbaren kann.

Achte auf deinen Engel –
und glaub ihm

Engel sind Boten Gottes. Sie verkünden den Menschen Gottes Wort. Sie zeigen ihnen Gottes helfende und heilende Nähe an. Sie greifen ein in ihr Leben, schützen sie vor Gefahren, behüten sie auf ihren Wegen, und sie sprechen im Traum zu ihnen. Engel sind Botschafter einer anderen, tieferen Wirklichkeit. Sie sind Bilder unserer Sehnsucht nach Geborgenheit und Heimat, nach Leichtigkeit und Freude, nach Lebendigkeit und Liebe. Sie verbinden Himmel und Erde miteinander. Sie öffnen für uns den Himmel, und sie geben unserem Leben einen himmlischen Glanz.

Prüfe dein Denken

Wir sollen prüfen, was wir denken, wie weit wir uns mit unseren Gedanken selbst schaden. Entspricht unser Denken der Wirklichkeit oder verfälschen wir die Realität? Woher nehmen wir die Deutung der Wirklichkeit? Wenn ich meinen Beruf und meine Arbeit negativ deute, als Ausbeutung, als langweilig, als Überforderung, werde ich sie auch so erleben. Von meinem Denken hängt ab, wie ich mich fühle, wie ich den Menschen um mich herum begegne und wie ich meinen Alltag erfahre. Denke ich das, was alle um mich herum denken oder denke ich die Gedanken Gottes?

Wenn wir mit den Augen Gottes die Wirklichkeit sehen, werden wir klar erkennen, was für uns gut ist und was uns ganz macht und heil, was uns zum wahren Leben führt.

Lerne, zu *sein*

Lerne die Kunst, zu *sein,* intensiv zu leben.

Probiere es einfach einmal, bewusst langsamer zu gehen, wenn Du in der Arbeit von einer Bürotüre zur andern willst.

Versuche, beim Spazierengehen bewusst jeden Schritt zu spüren; wahrzunehmen, wie Du die Erde berührst und sie wieder lässt.

Versuche, langsam und bewusst Deine Tasse in die Hand zu nehmen.

Zieh Dich am Abend langsam aus.

Du wirst sehen, wie dann alles zum Symbol wird, wie das Ablegen der Kleider zum Ablegen des Tages mit seiner Mühe werden kann.

Wichtig ist, was gerade ist

Es ist eine große Gnade, sich selber annehmen zu können. Aber die Gnade aller Gnaden besteht darin, sich selbst vergessen zu können. Ich kenne Menschen, die ständig um sich kreisen. Wenn sie im Urlaub sind, können sie sich nicht auf die Schönheit der Landschaft einlassen, weil sie sich fragen, ob sie den richtigen Urlaub gebucht haben, ob es wohl dort, wo sie sonst hin wollten, besseres Wetter gebe. Wenn sie einem Menschen begegnen, überlegen sie, was er von ihnen denkt. So sind sie blockiert, sich wirklich auf ihn einzulassen. Wenn sie beten, fragen sie sich, was es ihnen bringt. Bei allem, was sie tun, steht ihnen ihr Ego im Weg. Sich selbst zu vergessen ist die Kunst, sich ganz auf das einzulassen, was gerade ist. Nur wenn ich mich selbst vergesse, bin ich wirklich da. Nur wenn ich aufhöre, ständig an mich und meine Wirkung nach außen zu denken, kann ich mich auf eine Begegnung, auf ein Gespräch einlassen und genießen, was da zwischen uns entsteht.

Ahne, wer du bist

Im Traum ist das Kind immer ein Bild dafür, dass etwas Neues in uns heranwächst. Es steht hier für das unverfälschte und ursprüngliche Bild, das Gott sich von uns gemacht hat. Manchmal träumen wir, dass wir ein verletztes Kind auf dem Arm haben oder dass wir das Kind herunterfallen lassen. Wir vergessen es und lassen es irgendwo alleine stehen. Dann will uns der Traum ermahnen, sorgfältiger und bewusster mit dem Kind in uns umzugehen. Wir ahnen, wer wir sind. Aber dann fallen wir doch in die alten Rollen und Muster hinein. Wir verletzen das Kind in uns. Das Kind ist im Traum auch Symbol für einen neuen Anfang.

Wenn Fesseln sich lösen

Auch der Traum ist eine Wirklichkeit, die in die äußere Realität hinein wirkt. Wenn sich im Traum unsere Fesseln lösen, dann werden wir auch in der Realität des Alltags freier auftreten. Was im Unbewussten geschieht, ist wirklich und wirkt bis in die bewusste Realität hinein. Wenn ich davon träume, dass die Gefängnismauern zusammenstürzen, dann ist auch in der Realität mein Gefängnis aufgebrochen. Wenn ich träume, dass die Verfolger mich aus dem Auge verlieren, dann bin ich schon einen Schritt weiter auf dem Weg meiner Selbstwerdung.

Folge der Spur deiner Sehnsucht

Bilder wollen Dich nicht zu etwas drängen. Bilder lassen Dir die Freiheit, das zu sehen, was Du sehen möchtest. Aber sie ermöglichen eine neue Sicht. Sie öffnen Fenster, durch die Du eine neue Aussicht erhältst auf eine Wirklichkeit, die Du bisher vielleicht übersehen hast. Die Bilder holen Dich dort ab, wo Du stehst. Du darfst in die Bilder Deine urpersönlichsten Sehnsüchte hineinlegen, seien die nun heidnisch oder christlich, religiös oder areligiös.

Folge nur der Spur deiner Sehnsucht. Dann werden Dir die Bilder das Geheimnis Deines Lebens erschließen.

Bewerte nichts

In der Achtsamkeit werde ich sensibel dafür, wie unachtsam ich in vielem bin. Das nehme ich dann auch wahr, ohne es zu bewerten. Wahrnehmen, ohne zu bewerten, das führt zur Ruhe. Die Ursache unserer Unruhe liegt oft darin, dass wir alles, was wir tun, bewerten. Und meistens entspricht es nicht der Messlatte unserer Wertmaßstäbe. So sind wir unzufrieden mit uns und dieser Welt, und es entsteht in uns eine diffuse Unruhe. Wenn ich bewusst wahrnehme, was ist, ohne es zu bewerten, dann kann ich es so lassen, ohne es ändern zu müssen. Und wenn ich es lassen kann, dann verwandelt es sich von alleine. Wenn ich meine Unachtsamkeit lassen kann, ohne dagegen zu kämpfen, dann verwandelt sie sich in Achtsamkeit, ohne dass ich es mit vielen komplizierten Methoden und Techniken selber machen muss. Ich nehme in aller Ruhe meine Unruhe wahr. Ich spüre, dass sich in mir vieles bewegt. Aber dieses Ich, das spürt, ist selbst nicht in der Unruhe.

Lerne, zu warten

Warten bewirkt beides in uns: die Weite des Blickes und die Achtsamkeit auf den Augenblick, auf das, was wir gerade erleben, auf die Menschen, mit denen wir gerade sprechen. Warten macht das Herz weit. Wenn ich warte, spüre ich, dass ich mir selbst nicht genug bin. Jeder von uns kennt das, wenn er auf einen Freund oder eine Freundin wartet. Er blickt jede Minute auf die Uhr, ob es noch nicht Zeit für ihr Kommen ist. Er ist gespannt auf den Augenblick, da der Freund oder die Freundin aus dem Zug aussteigt oder an der Haustüre klingelt. Und wie enttäuscht sind wir, wenn statt des Freundes jemand anders an der Haustüre steht. Warten erzeugt in uns eine prickelnde Spannung. Wir spüren, dass wir uns selbst nicht genug sind. Im Warten strecken wir uns aus nach dem, der unser Herz berührt, der es höher schlagen lässt, der unsere Sehnsucht erfüllt.

Übe täglich

Achtsamkeit kommt von achten, aufmerken, überlegen, nachdenken. Ich handle überlegt, aufmerk-
sam, bewusst. Ich bin ganz bei dem, was ich tue.
Ich weiß um das, was ich tue. In meinem Tun bin
ich mit all meinen Sinnen dabei. Da sind der Leib
und der Geist in gleicher Weise tätig. Achtsam sein
heißt auch, dass ich in jedem Augenblick ganz
gegenwärtig bin. Ich spüre das Geheimnis des Au-
genblicks, das Geheimnis der Zeit, das Geheimnis
meines Lebens. Und ich bin mit vollem Wissen und
klarer Überlegung bei dem, was ich tue, was ich berühre, womit ich arbeite. Ich nehme bewusst und
achtsam mein Handwerkszeug in die Hand, meinen Kugelschreiber, meinen Autoschlüssel. Ich
gehe behutsam mit meinem Computer um. Ich bin
in meinen Sinnen, in meinem Leib. Ich nehme
wahr, was sich in mir regt, aber ohne ängstlich zu
grübeln, ob diese oder jene Regung in meinem Leib
auf eine Krankheit hinweist. Ich gehe achtsam. Ich
bin in meiner Bewegung, in jedem Schritt. Ich

spüre meinen Leib, meine Muskeln, meine Haut.
Natürlich kann ich nicht jeden Augenblick bewusst
leben. Das wäre wieder eine Überforderung. Aber
es ist eine gute Übung, täglich einige Zeit bewusst
in dieser Achtsamkeit zu leben.

Das Eigentliche wird uns geschenkt

Wer nicht warten kann, der wird nie ein starkes Ich entwickeln. Er wird jedes Bedürfnis sofort befriedigen müssen. Aber dann wird er völlig abhängig von jedem Bedürfnis. Warten macht uns innerlich frei. Wenn wir warten können, bis unser Bedürfnis erfüllt wird, dann halten wir auch die Spannung aus, die das Warten in uns erzeugt. Das macht unser Herz weit. Und es schenkt uns überdies das Gefühl, dass unser Leben nicht banal ist. Wir sehen dies, wenn wir auf etwas Geheimnisvolles warten, dann warten wir auf die Erfüllung unserer tiefsten Sehnsucht. Dann erkennen wir: Wir sind mehr als das, was wir uns selbst geben können. Warten zeigt uns, dass das Eigentliche uns geschenkt werden muss.

Du bist wertvoll

Was macht das Spannende des Wartens aus? Wie fühlst Du Dich, wenn Du auf das Kommen eines lieben Menschen wartest? Es tritt etwas Neues in Dein Leben. Du wirst beschenkt. Du freust dich auf den Menschen. Du fühlst Dich lebendig. Starke Gefühle steigen in Dir hoch. Du wartest nicht nur selbst. Du wirst auch erwartet. Wie fühlst du Dich, wenn andere auf Dich warten, wenn Gott auf Dich wartet? Andere haben Erwartungen an Dich. Die Erwartungen können Dich einengen. Aber wenn keiner mehr etwas von Dir erwartet, fühlst Du Dich überflüssig. Du bist eingeladen, im Warten Dein Herz zu weiten und Dich als Erwarteten aufzurichten. Du bist wertvoll. Viele warten auf Dich.

Fenster zum Himmel

Von Saint-Exupéry stammt das berühmte Wort:
„Wenn du ein Schiff bauen willst, lehre die Menschen die Sehnsucht nach dem Meer." In der Sehnsucht steckt also eine Kraft, die uns befähigt, Utopien ganz konkret anzugehen. Die Sehnsucht hat die Menschen des Mittelalters dazu angetrieben, hohe Dome zu bauen. Diese Baukunst lebte von der Sehnsucht. Die Musik lebt von der Sehnsucht. Sie öffnet ein Fenster zum Himmel. Jede Kunst ist letztlich Vorschein des Ewigen, noch nie Dagewesenen, Ausdruck der Sehnsucht nach dem ganz anderen. Sehnsucht hat die Kraft, Beton zu sprengen, den Panzer zu knacken, den wir um uns aufgebaut haben, um unempfindlich zu sein gegenüber der anderen Welt. Sehnsucht öffnet unsere enge Welt. Sie hält den Horizont über uns offen. Die Sehnsucht verschließt sich nicht den erschreckenden Tatsachen des Lebens. Sie setzt uns auf die Spur der Hoffnung, die uns der Realität ins Auge sehen lässt, ohne daran zu verzweifeln.

Mit dem Herzen denken

Der Kluge denkt nicht allein mit dem Verstand, sondern mit dem Herzen. Er ergreift beherzt die Gelegenheit, die sich ihm bietet. Und er sieht die feinen Unterschiede, die manchem groben Geist verborgen bleiben. Klugheit ist die praktische Vernunft, die das Wissen umsetzt in ein Tun, das der Wirklichkeit angemessen ist. So hilft das Vielwissen wenig, wenn Du nicht erkennst, was jetzt in diesem Augenblick richtig ist.

Hüte das innere Feuer

Der geistliche Schriftsteller Henri Nouwen versteht geistliches Leben als Hüten des inneren Feuers, das in jedem brennt. Er meint, viele Menschen seien heute ausgebrannt, weil sie die Türen ihres Ofens zu sehr nach außen geöffnet haben. Dann kann die Glut nicht in ihnen bleiben. Dann werden sie schnell zur ausgebrannten Asche. Geistliches Leben bedeutet für mich, das innere Feuer hüten.

Kindheitsspuren

Wo hast Du Dich als Kind eins gefühlt?

Was hast Du am liebsten gespielt?

Welches Märchen war Dein Lieblingsmärchen?

Welche Geschichten hast Du geliebt?

Welche Vorbilder hast Du gehabt?

Von wem hast Du als Kind geschwärmt?

Was wolltest Du selber von dem leben, was Dich an anderen fasziniert hat?

Was hat Dich angesprochen (Natur, Gottesdienst, Spielen, Musik, Malen)?

Versuche, in all diesen Fragen nach Deinem wahren Selbst zu suchen, nach dem ursprünglichen und unverfälschten Bild Gottes in Dir!

Lebensträume

Versuche, auf dem Hintergrund Deiner Lebens-
wunden und Deiner Lebensträume in zwei Worten
Dein Charisma, Deine Lebensspur zu formulieren!
Denke nicht zu sehr darüber nach, sondern
schreibe spontan auf, was in Dir aufsteigt! Bei-
spiele für solche Formulierungen Deiner Lebensspur:

> „Beziehung stiften – Leben wecken – Ver-
söhnung stiften – Weite schaffen – Heimat anbieten – Ausgegrenzte annehmen Trauernde trösten –
Gebeugte aufrichten – Schönes gestalten – das Leben versüßen."

Öffne dein Herz

Richtig sprechen, das heißt, das Herz aufbrechen und es für die andern öffnen, dem andern Zutritt gewähren zum eigenen Herzen, so sprechen, dass Beziehung wächst und Vertrauen entsteht. Das deutsche Wort „sprechen" hängt zusammen mit „bersten, brechen". Im Sprechen bricht der Panzer entzwei, der unser Herz umschließt. Es bricht aus uns hervor. Wir lassen den andern teilhaben an unseren Emotionen, an unserer Stimme, an unserem Gestimmtsein. Stimmig werden wir, wenn das Sprechen übereinstimmt mit dem Herzen und wenn wir unseren Gefühlen Stimme verleihen.

Himmel und Erde sind eins

Indem wir ganz im Augenblick sind, fallen Vergangenheit und Zukunft in eins. Schweigend kann ich versuchen, ganz im Augenblick zu sein. Dann taucht eine Ahnung auf, dass da Zeit und Ewigkeit miteinander eins sind. Das ist das tiefste Geheimnis der Zeit, dass die Ewigkeit selbst einbricht in unsere Zeit, dass im Augenblick das Rinnende der Zeit aufgehoben ist und die Zeit stehen zu bleiben scheint. Dann ahnen wir, dass Himmel und Erde eins sind, Zeit und Ewigkeit, Gott und Mensch.

Angelus Silesius hat dieser Erfahrung unvergesslichen Ausdruck gegeben:

„Zeit ist wie Ewigkeit und Ewigkeit wie Zeit,
So du nur selber nicht machst einen Unterscheid.
Ich selbst bin Ewigkeit, und wenn ich die Zeit verlasse
Und mich in Gott und Gott in mich zusammenfasse."

Loslassen – der Königsweg
zum Glück
Vergiss dich selbst und werde frei

Was ist der beste Weg zum Glück?

„Seit ich nicht mehr mich selbst suche, fahre ich das glücklichste Leben, das es geben kann." (Iwan Sergejewitsch Turgenjew)

Je mehr einer sein eigenes Glück sucht, desto weniger findet er es. Der russische Dichter Turgenjew hat die Erfahrung gemacht, dass er ein glückliches Leben führte, als er es aufgegeben hatte, sich selbst zu suchen. Nun könnte mancher meinen, also sei der beste Weg zum Glück, sich selbst nicht mehr zu suchen, von sich frei zu werden. Aber schon gerät er in die gefährlichste Falle, die uns auf dem Weg zum Glück begegnet. Wir zielen doch insgeheim auf das Glück. Und wir wählen die Methode, die Glück verheißt. Wir wollen uns selbst aufgeben. Aber wir merken gar nicht, wie in dieser Selbstaufgabe noch ganz viel Ehrgeiz steckt, wie das Ego letztlich auch dort wieder um sich selbst kreist, wo es dieses Ego endgültig aufgeben möchte. Wir meinen, wir könnten uns aufgeben.

Der Weg dahin geht anders: Nur indem ich von mir weg auf das zugehe, was mich berührt, komme ich von mir los. Wenn ich stehen bleibe und mich loslassen will, bleibt es ein vergebliches Tanzen um mich selbst. Ich tanze dann den Tanz der Selbstaufgabe. Aber das Ego klebt an meinen Bewegungen und lässt sich nicht abschütteln. Erst wenn ich auf den Vogel zugehe, der schüchtern am Boden sitzt, weil er mich fasziniert, vergesse ich mein Ich. Und gerade dort, wo ich mich vergesse, bin ich ganz da, bin ich glücklich. Ich kann mir aber nicht bewusst vornehmen, mich zu vergessen. Das Sich-Vergessen geschieht, indem ich mich auf etwas, auf jemanden einlasse. Wenn ich mich auf Gott einlasse, wenn ich in Gott aufgehe, dann spüre ich auf einmal mein Ego nicht mehr. Und dann bin ich glücklich, weil ich auch vergessen habe, glücklich sein zu wollen. Ich habe mich bedingungslos eingelassen. Das hat mich befreit von dem Ego, das mir das Glück verstellt. Mich vergessen können, das ist die Gnade aller Gnaden. Das ist der königliche Weg zum Glück.

Die drei Wünsche

Es gibt zahlreiche Märchen, in denen der Mensch seine Wünsche äußern darf. Meistens sind es drei Wünsche, die er frei hat. Und es ist gar nicht so leicht, dass der Mensch das wünscht, was ihm wirklich hilft. Meistens hat er anfangs so viele Wünsche, dass er gar nicht weiß, wo er anfangen soll. Aber dann verstrickt er sich in seinen Wünschen. In einem Märchen etwa wünscht sich ein Mann besseres Wetter, dass es nicht mehr regnen solle. Doch darauf merkt er, dass dann nichts mehr wächst. Dann soll es nur nachts regnen. Daraufhin beschwert sich der Nachtwächter. Schließlich lässt er es wieder beim alten. Seine drei Wünsche gingen ins Leere. Was wünschen wir wirklich? Was brauchen wir? Wonach trachten wir, was möchten wir gewinnen?

Leg dein Herz in ein Geschenk

Manche Familien vereinbaren heute, dass sie sich nichts mehr schenken, weil doch alle schon genug haben. Darin liegt sicher etwas Gesundes. Aber es gibt auch eine Geschenkaskese, die nur Ausdruck von Phantasielosigkeit ist. Sich einander zu beschenken ist Zeichen von Liebe und lebendiger Beziehung.

Im Schenken bringen wir zum Ausdruck, dass wir selbst die Beschenkten sind. Das deutsche Wort „schenken" bedeutet ursprünglich, einem etwas zu trinken geben. Wir sagen ja auch heute noch, dass wir dem andern Wein einschenken. Schenken meint also, dass wir dem andern, der Durst hat, etwas einschenken, damit er seinen Durst stillen kann. Wer keinen Durst hat, dem soll man auch nichts schenken. Heute haben viele keinen Durst mehr danach, Süßigkeiten oder Wein oder Kleider oder Haushaltsgeräte geschenkt zu bekommen. Denn davon hat jeder schon genug. Aber jeder von uns dürstet nach Liebe, nach Zuwendung, nach Wertschätzung. So sehnen sich heute wohl die meisten nach einem Geschenk, das Ausdruck der Liebe ist. Wenn ich mein Herz in ein Geschenk hineinlege, dann erreicht es den andern, dann stillt es seinen Durst.

Meines Glückes Schmied

„Jeder ist seines Glückes Schmied", so sagt es das Sprichwort. Es gibt aber auch die Kunst, unglücklich zu sein. Der Psychologe Paul Watzlawick hat diese Kunst in seinem berühmten Buch beschrieben. Manche Menschen beherrschen diese Kunst bis zur Perfektion: alles in einem negativen Licht zu sehen oder sich in einer Gruppe immer wieder in die Rolle des Unglücksraben oder des Sündenbockes hineinzubegeben. Glück ist nicht machbar. Trotzdem sind wir in gewisser Weise für unser Glück verantwortlich. Wir sind dafür verantwortlich, ob wir ja sagen zu unserem Leben oder nicht. Aus dem bedingungslosen Ja zu uns, so wie wir sind, und zu unserem Schicksal, strömt uns Glück entgegen. Glück kommt von Geschick. Ob unser Geschick gut ist oder nicht, hängt von unserer Deutung ab, hängt davon ab, ob wir es bejahen oder nicht.

Hans im Glück

Ob man lernen kann, glücklich zu sein? Die verschiedenen philosophischen Schulen im alten Griechenland waren überzeugt, dass man das Glück lernen kann, allerdings nicht, indem man bewusst das Glück anstrebt. Für die Stoa bestand der Weg zum Glück im Üben der Tugend und im Ausschalten aller Affekte und Leidenschaften. Wer so frei ist von allen Leidenschaften, der kommt zum inneren Frieden und zum Glück. Epikur riet seinen Schülern, die gelassene Daseinsfreude zu lernen, sich mit dem zufrieden zu geben, was einem geschenkt wurde. Der Neuplatonismus sah den Weg zum Glück in der Übung der Kontemplation. Wer sich in der Kontemplation zu Gott erhebt und mit Gott eins wird, der erfährt wahres Glück. Die Märchen erzählen uns von vielfältigen Wegen zum Glück. Meistens muss der Held viele Gefahren und Proben bestehen, um dann die Prinzessin heiraten und mit ihr glücklich sein zu können. In vielen Märchen steht das Glück am Ende eines schwierigen Entwicklungsweges. Es gibt ein Märchen, das sich direkt um das Thema Glück dreht: „Hans im Glück". Hans ist glücklich, als er einen Goldklumpen für seine Arbeit bekommt. Doch dann tauscht er das Gold ein in ein Pferd, dann in eine Kuh, in ein Schwein, in eine Gans, in einen Stein. Jedes Mal ist er glücklich, dass er das Neue empfängt. Doch immer wieder wird es ihm beschwerlich. Als schließlich der Stein ihm ins Wasser fällt, fühlt er sich als der glücklichste Mensch von der Welt. Als er alles losgelassen hat, als er sich frei fühlt, da ist er glücklich. Er trauert dem, was er gelassen hat, nicht nach, sondern genießt den Augenblick. Doch Hans im Glück lernt das Glück. Zu Beginn seines Lehrweges meint er, das Glück würde im Reichtum, in der Kraft, im Genuss, im Erfolg bestehen. Erst allmählich lernt er, dass er umso glücklicher wird, je mehr er loslässt. Wenn er nur noch sich selbst hat, wenn er frei seiner Wege gehen und die Schönheit der Welt genießen kann, dann ist er wahrhaft glücklich.

Häng dein Herz nicht an die Dinge

„Nichts haben, alles besitzen", so lässt sich die
Haltung von Weisen aus allen Religionen, zu allen
Zeiten, beschreiben. Nur wer sein Herz an nichts
Geschaffenes hängt, wer loslassen kann, woran
andere hängen, der ist wirklich frei.

Überschreite nicht das Maß

Der Mensch sehnt sich danach, etwas zu haben, etwas in der Hand zu haben. Je mehr er in der Hand hat, so glaubt er, desto mehr hat er sich selbst, ist er sein eigener Herr. Letztlich treibt ihn die Hoffnung, sich selbst zu besitzen.

Besitz ist nicht schlecht. Der Mensch braucht Kleider, Nahrung, Häuser, um leben zu können. Die Gefahr ist jedoch, dass der Mensch in seinem Begehren nach Besitz maßlos wird. Das Tier begehrt nur soviel, wie es braucht. Der Mensch kann in seiner Begier das Maß überschreiten. In seiner Maßlosigkeit macht er sich abhängig von Besitz. Fasziniert vom Vermögen, das er sich erworben hat, muss er immer mehr besitzen. Statt zu genießen, was er hat, schaut er ständig nach Neuem aus. Und unversehens wird er von seiner Sucht nach Besitz selbst besessen.

Keine letzte Sicherheit

Besitz gibt dem Menschen immer auch Sicherheit.
Er sichert ihn gegenüber etwaigen Nöten und
Mangelseiten ab. Sicherheit ist ein Grundbedürfnis
des Menschen. Aber zugleich erfahren wir eine
existentielle Unsicherheit. Wir können uns nicht
letzte Sicherheit verschaffen, weder durch Besitz,
noch durch Wissen, noch durch bestimmte Lebens-
formen. Versicherungen verdienen heute ein Vermögen bzw. kosten den ein Vermögen, der meint,
sich gegen alles versichern zu müssen. Armut
meint auch das Loslassen von Sicherheiten.

Die Sorge führt zu Unruhe und Hektik, sie
trübt das menschliche Herz. Das Vertrauen schenkt
Freiheit, Gelassenheit und eine andere Qualität
von Sicherheit, die Gewissheit, in Gottes Hand zu
sein.

Leben ist Pilgerschaft

Loslassen der Sicherheit meint auch ein Loslassen des Erreichten. Bei allem Bedürfnis nach Heimat müssen wir uns immer auch bewusst machen, dass wir auf dem Weg sind und immer weiter gehen müssen. Die Erfahrung von Heimat und Geborgenheit, wie sie uns die Familie oder Freunde schenken können, sind immer nur Raststätten, um weiterzugehen. Für die Alten war das Wandern nur ein Bild dafür, dass wir diese Erde immer wieder berühren und sie wieder lassen, um wandernd uns zu wandeln, bis wir in die Gestalt gelangen, die Gott uns zugedacht hat.

Loslassen – und genießen

In einem Väterspruch erzählt uns ein Altvater in einem Bild, dass wir nur durch Loslassen genießen können. Ein Kind sieht in einem Glaskrug viele Nüsse. Es greift hinein und möchte möglichst viele herausholen. Aber die geballte Faust geht nicht mehr durch die enge Öffnung des Kruges. Du musst die Nüsse erst loslassen. Dann kannst Du sie einzeln herausnehmen und genießen. Lassen ist keine asketische Leistung, die wir uns mühsam abringen müssen. Vielmehr kommt sie aus der Sehnsucht nach innerer Freiheit und aus der Ahnung, dass unser Leben erst dann wirklich fruchtbar wird, wenn wir unabhängig und frei sind. Wenn wir nicht mehr abhängig sind von dem, was andere von uns denken und erwarten, wenn wir nicht mehr abhängig sind von der Anerkennung und Zuwendung von Menschen, dann kommen wir in Berührung mit unserem wahren Selbst.

Jesus verzichtet nicht auf Essen und Trinken. Ja, er wird sogar Fresser und Weinsäufer genannt. Das Ziel des Lebens ist das Genießen. Die Mystiker sprechen davon, dass das ewige Leben im dauernden Genuss Gottes besteht. „Frui deo – Gott genießen" ist unser Ziel. Wir werden aber wohl Gott kaum genießen können, wenn wir uns hier nicht eingeübt haben in den Genuss der Gaben, die Gott uns anbietet.

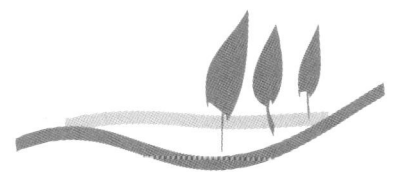

Glück und Glas

„Glück und Glas – wie leicht bricht das": Es ist sprichwörtlich, Glück kann man nicht festhalten. Man kann es nur mit zärtlichen Händen empfangen, es ertasten und berühren. Wenn ich das Glück wie ein Glas ständig in der Hand halte, bin ich handlungsunfähig. So werde ich das Glück aus der Hand geben, es neben mich hinstellen, damit ich das zu tun vermag, was gerade ansteht, worauf ich Lust habe. Und wenn ich wieder möchte, werde ich das Glück wie ein kostbares Glas in die Hand nehmen und bestaunen. Wer es immer festhalten will, dem zerbricht es mit Sicherheit.

Echte Lebensfreude

Wer das Leben wirklich genießen will, der muss auch verzichten können. Es bedarf der Askese als des Trainings in die innere Freiheit. Nur wer das Gefühl hat, dass er sein Leben selber in die Hand nimmt und es formt, empfindet Freude daran. Wenn einer völlig abhängig ist von seinen Bedürfnissen und jedes Bedürfnis sofort befriedigen muss, wird er sich nie seines Lebens freuen. Er hat eher ein dumpfes Gefühl, dass er von außen her gelebt wird, statt selber zu leben.

Geh deinen eigenen Weg

Der weite Weg ist der Weg, den alle gehen. Du musst Deinen ganz persönlichen Weg finden. Da genügt es nicht, sich nach den andern zu richten. Du musst genau hinhören, was Dein Weg ist. Und dann musst Du Dich mutig entscheiden, diesen Weg zu gehen, auch wenn Du Dich dort sehr einsam fühlst. Nur Dein ganz persönlicher Weg wird Dich wachsen lassen und zum wahren Leben führen.

Entdecke deinen Auftrag

Wir sollen die Aufgabe entdecken, die uns aufgetragen ist. Es geht darum, dass wir unsere Sendung erkennen. Wir sollen nicht auf unser Gesundwerden fixiert sein, sondern den Auftrag erkennen, den wir in dieser Welt zu erfüllen haben. Dann werden wir erleben, dass unser Leben sinnvoll ist. Das entspricht dem, was die Logotherapie heute neu zur Sprache gebracht hat. Victor E. Frankl, der Begründer der Logotherapie, hat immer wieder darauf hingewiesen, dass heute viele Menschen krank sind, weil sie keinen Sinn mehr in ihrem Leben sehen, weil sie nicht mehr über sich hinausblicken auf einen Sinn, der sie übersteigt. Der Sinn, den wir unserem Leben geben, macht uns gesund.

Schau vorwärts

Jesus ist überzeugt, dass jeder Mensch einen Willen hat. Er muss ihn nur einsetzen. Er muss wollen, dass er wächst, dass er auf seinem Weg weiterkommt, dass er geduldig und hartnäckig an sich arbeitet. Auch die spirituelle Therapie Jesu wendet sich bewusst an den Willen des Einzelnen. Jesus lockt die Kraft hervor, die in jedem steckt. Er belässt die Kranken nicht in ihrer Passivität, sondern motiviert sie, selbst aufzustehen und das eigene Leben zu wagen. Und er schaut nicht rückwärts, sondern vorwärts. Wir sollen zwar unsere Vergangenheit nicht überspringen, aber wir müssen uns auch frei machen von dem Leistungsdruck, als ob wir alle Geheimnisse unserer Lebensgeschichte erkunden und bearbeiten müssten. Entscheidend ist, dass wir uns für das Leben entscheiden, anstatt immer nur um die vergangenen Verletzungen zu kreisen.

Vergiss die eigenen Bedürfnisse nicht

Die Mutter identifiziert sich oft so sehr mit der Mutterrolle, dass sie die eigenen Bedürfnisse und die anderen Aspekte ihres Frauseins vergisst. Erst wenn sich die Mutter erlaubt, auch eigene Bedürfnisse zu leben, dann ist sie auch fähig, die Tochter zu nähren, d. h. ihr das zu geben, was sie braucht. Die Mutter, die um ihre eigenen Bedürfnisse weiß, kann sich auch von ihnen distanzieren, wenn es nötig ist. Sie kann frei mit ihren Bedürfnissen umgehen. Sie kann sie leben, aber auch darauf verzichten. Diese innere Freiheit bewahrt sie davor, ihre Bedürfnisse mit den Bedürfnissen der Tochter oder des Sohnes zu vermischen.

Kraft, der ich mich anvertraue

Ich bin für mein Leben verantwortlich. Es geht aber
nicht nur darum, resigniert festzustellen, dass ich
nie mehr ein Wort der Liebe von meiner Mutter
hören werde. Vielmehr geht es darum, wo ich das
finden kann, wonach ich mich im Tiefsten sehne.
Ich kann mir selber Mutter sein. Aber darüber
hinaus sehne ich mich nach einer mütterlichen
Kraft, der ich mich anvertrauen kann. Für mich ist
Gott der mütterliche Raum, in dem ich mich ge-
borgen weiß. Gott soll hier keine Vertröstung sein.
Vielmehr befreit mich der Blick auf Gott und seine
bedingungslose Liebe von der Fixierung auf die
menschliche Liebe, die ich zu wenig erfahren habe.

Wege zum eigenen Vater

Der Sohn braucht die Identifikation mit dem Vater, um seine eigene Männlichkeit zu entwickeln. Er könnte sich fragen: Was hat mich an meinem Vater fasziniert? Woraus hat der Vater gelebt? Wie ist er mit seinen eigenen Verletzungen und Enttäuschungen umgegangen? Welche Fähigkeiten hat er? Wie hat er sein Leben gemeistert? Es wäre gut, wenn der Sohn dem Vater für das danken könnte, was er ihm mit auf den Weg gegeben hat. Nur auf diesem Weg findet der Sohn zu seiner eigenen Identität. Und er kommt in Berührung mit der Quelle der väterlichen Kraft, die in ihm sprudelt. So wird er Lust daran finden, sein Mannsein und sein Vatersein zu leben. Er wird seine Fruchtbarkeit und Kreativität entdecken und seine ureigenste Spur in diese Welt eingraben, eine Spur von Lebendigkeit und Kraft, von Freiheit und Liebe.

Der innere Weg

Es gibt keinen Weg zur Ruhe, der nur äußerlich bleibt. Jeder Weg, der wirklich zur Ruhe führen will, geht über die Erfahrung meiner eigenen Wahrheit und über die Erfahrung Gottes.

Es ist eine gute Übung, einen Tag lang nur den Satz zu meditieren: „Ich bin ich selbst." Wenn ich mir diesen Satz vorsage, dann gerate ich nicht in Gefahr, in Selbstmitleid zu schwimmen und andere für meine Situation verantwortlich zu machen. Ein Weg, mein eigenes Selbst zu erkennen, auf den wir schon hingewiesen haben, ist es, in meiner Kindheit nach meinen Lebensträumen zu fragen. Welchen Beruf wollte ich immer ergreifen? Was habe ich am liebsten gespielt? Wie habe ich gespielt? Was habe ich im Spielen von meinem wahren Selbst ausgedrückt? Wo war ich ganz eins mit mir? Wo war ich ganz ich selbst?

Neuer Geschmack am Leben

Wer dankbar auf sein Leben blickt, der wird einverstanden sein mit dem, was ihm widerfahren ist. Er hört auf, gegen sich und sein Schicksal zu rebellieren. Er wird erkennen, dass täglich neu ein Engel in sein Leben tritt, um ihn vor Unheil zu schützen und ihm seine liebende und heilende Nähe zu vermitteln. Versuche es, mit dem Engel der Dankbarkeit durch den kommenden Monat zu gehen. Du wirst sehen, wie Du alles in einem andern Licht erkennst, wie Dein Leben einen neuen Geschmack bekommt.

Realistisch bleiben

Zunächst musst Du Dir realistische Ziele stecken und nicht irgendwelchen Illusionen nachjagen. Du musst sehen, was Du wirklich ändern kannst und was einfach Dein Charakter ist, mit dem Du Dich aussöhnen musst. Aber wenn Du Dir etwas vornimmst, was Du bei Dir ändern willst, dann musst Du auch dran bleiben. Wenn es nicht gelingt, dann musst Du Dich fragen, ob Du falsch angesetzt hast oder Dir zu viel vorgenommen hast. Dann setzt Du Dir zunächst einmal bescheidenere Ziele. Aber Du bleibst dran. Und Du wirst sehen, dass die Ausdauer belohnt wird.

Trau dem Kind in dir

Zu oft überlegen wir, was die andern dann denken würden, welchen Eindruck wir auf die andern machten, wenn wir uns so und so gäben. Ausgelassenheit ist die Freiheit von allem Nachsinnen über die Erwartungen der andern. Wir lassen die Erwartungen der andern beiseite und vertrauen dem Leben, das in uns ist. Wir lassen die Rolle aus, die wir sonst spielen. Wir lassen die Maske los, die uns oft genug unsere innere Lebendigkeit verstellt.

Ausgelassenheit meint sprühende Lebendigkeit. Auch die können wir nicht einfach machen. Manchmal strömt alles in uns. Da sprudeln die Worte nur so aus uns heraus. Da können wir eine ganze Gesellschaft anstecken. Da haben wir ganz verrückte Einfälle. Von solcher Ausgelassenheit springt der Funke meistens auf die andern über. Und es geht Freiheit davon aus. Die andern fühlen sich auf einmal auch frei, dem Kind in sich zu trauen, das spielen möchte, ohne nach dem Zweck und Nutzen zu fragen. Das Kind ist in Berührung mit sich selbst. Es lebt aus sich heraus und nicht aus den Erwartungen seiner Umwelt. Danach sehnen wir uns als Erwachsene wieder, einfach nur zu leben, ohne das Leben so kompliziert zu machen durch unsere vielen Überlegungen, die dauernd abwägen, was wir dürfen und sollen und was andere von uns wollen.

Sonnenkinder

Wenn ein froher Mensch zu uns kommt, sagen wir: „Jetzt geht die Sonne auf." Es gibt Sonnenkinder, die überall Fröhlichkeit und Lebendigkeit verbreiten. Ich wünsche Dir, dass Du für andere zur Sonne wirst. Vielleicht hast Du schon einmal erfahren, dass man zu Dir sagte: „Du strahlst heute wie die Sonne. Wenn Du den Raum betrittst, dann wird er heller und wärmer. Dann ist die Sonne unter uns mit ihrer Heiterkeit und Strahlkraft. Dann geht es uns besser.

Unglück oder Glück –
Es liegt an uns
Wie aus Krisen Chancen werden

Licht und Dunkel

„Was immer geschieht, an uns liegt es, Glück oder Unglück darin zu sehen." Dieser lebenskluge Satz stammt von Anthony de Mello. Er hat Recht: Glück ist ein innerer Zustand. Er hängt davon ab, wie wir die Welt um uns erleben. Unser Erleben hängt wiederum von der Deutung ab, die wir dem Geschehen geben. Natürlich gibt es Erfahrungen, die den Zustand inneren Friedens zerstören, etwa wenn ein lieber Mensch uns wegstirbt. Den Tod eines lieben Menschen kann ich nicht umdeuten und darin Glück sehen. Aber wie ich mit dem Tod umgehe, das liegt doch letztlich an mir. Ich kann darin eine Herausforderung sehen, zu wachsen, meine ureigensten Quellen zu entdecken. Und dann kann ich durch die Trauer und den Schmerz des Abschieds hindurch etwas Neues in mir entdecken und zu einem Zustand gelangen, den ich mit Glück umschreiben darf. Wenn ich dann durch einen langen Prozess der Trauerarbeit zu einer anderen Bewertung dieses Todes gekommen bin, kann ich bestätigen, was La Rochefoucauld sagt: „Unser Glück liegt nicht in den Dingen, sondern in deren Bewertung durch uns." Ich darf diesen Satz aber nicht als Trick benutzen, alles so zu bewerten, dass es mir positiv erscheint. Die „Macht des positiven Denkens" kann auch zur Tyrannei werden, zum Zwang, alles positiv sehen zu müssen. Licht und Dunkel, Freude und Schmerz gehört zu meinem Leben. Erst wenn ich diese Gegensätzlichkeit annehme und mich damit aussöhne, komme ich zu einer Bewertung meines Lebens, die mich noch nicht glücklich macht, die aber die Voraussetzung dafür schafft, glücklich zu werden.

Angstblockaden

Auch die Angst hat einen Sinn und will mir etwas sagen. Ohne Angst hätte ich auch kein Maß, da würde ich mich ständig überfordern. Aber oft blockiert mich die Angst. Wenn ich dann mit der Angst rede, kann sie mich auf eine falsche Lebenseinstellung hinweisen. Oft rührt die Angst von einem Perfektionsideal her. Ich habe Angst mich zu blamieren, einen Fehler zu machen. Ich traue mich nicht, in der Gruppe zu reden, aus Angst, ich könnte stottern, oder die anderen könnten es nicht gut finden. Ich habe Angst vorzulesen, weil ich steckenbleiben könnte. Hier weist die Angst immer auf übertriebene Erwartungen hin.

Letztlich ist es der Stolz, der Angst bewirkt. So könnte mich das Gespräch mit meiner Angst zur Demut, zur humilitas führen. Ich könnte mich aussöhnen mit meinen Grenzen, mit meinen Schwächen und Fehlern: „Ich darf mich blamieren. Ich muss nicht alles können."

Es gibt aber auch Ängste, die nicht auf eine falsche Lebenshaltung hinweisen, sondern die notwendigerweise mit dem Menschen verbunden sind. Da ist die Angst vor Einsamkeit, die Verlustangst, die Angst vor dem Sterben. In jedem Menschen ist ein Stück weit die Angst vor dem Tod. Bei manchen kommt sie jedoch oft bedrohlich hoch. Es wäre dann wichtig, mit der Angst zu sprechen: „Ja, ich werde auf jeden Fall sterben." Die Angst kann mir helfen, mich mit dem Tod auszusöhnen, einverstanden zu sein, dass ich sterblich bin. Wenn ich der Angst auf den Grund gehe, sie zulasse, so kann ich mitten in der Angst einen tiefen Frieden spüren. Die Angst wandelt sich in Gelassenheit, Freiheit und Frieden.

Durch die Angst hindurch

C. G. Jung meint, dass wir immer beide Pole in uns haben: Angst und Vertrauen, Liebe und Aggression, Traurigkeit und Freude, Kraft und Schwäche. Oft sind wir aber auf einen Pol fixiert, z. B. auf die Angst. Die Angst äußert sich dann ständig in Gefühlen wie: „Ich kann das nicht. Ich habe Angst. Was denken die anderen von mir! Da blamiere ich mich."

Ich kann diese Angst befragen, was sie mir sagen möchte. Ich kann aber auch in diese Angst hinein Psalm 118 sprechen: „Der Herr ist mit mir, ich fürchte mich nicht. Was können mir Menschen antun?" Der Psalmvers wird die Angst nicht einfach vertreiben. Aber er kann mich in Berührung bringen mit dem Vertrauen, das auch in mir verborgen ist. In mir ist ja nicht nur Angst, sondern immer auch Vertrauen. Das Schriftwort bringt mich also in Berührung mit dem, was schon in mir ist. Und dadurch kann das Vertrauen, das in mir ist, bewusst werden und wachsen. Das relativiert meine Angst. Die antirhetische Methode bringt mich also ins Gleichgewicht. Sie steuert dem entgegen, dass sich in mir negative Gedanken festsetzten und mich bestimmen.

Eine andere Methode, mit meinen Gedanken umzugehen, ist die, sie mit einem anderen zu besprechen. Heute sind die Sprechzimmer der Psychologen überfüllt, weil wir es nicht wagen, vor unseren Freunden offen über uns zu sprechen, vor allem über unsere negativen Gefühle, über unsere Leidenschaften, über unsere Schwächen und über unsere Schuld. So bleiben viele allein mit ihren Gedanken. Sie unterdrücken sie. Aber unterdrückt fangen die Gedanken an zu kochen, bis irgendwann einmal der Deckel hochgeht. Das Aussprechen der Gedanken nimmt ihnen – so sagen die Mönche – das Gefährliche und Zerstörende.

In der Tiefe der Seele

Die Dichterin Marie von Ebner-Eschenbach hat gesagt: „Im Unglück finden wir meistens die Ruhe wieder, die uns durch die Furcht vor dem Unglück geraubt wurde." Viele sind in der Tat nicht fähig, das Glück zu genießen, weil sie Angst haben, es könnte nicht lange dauern. Berühmt ist die Sage von Polykrates. Er konnte nicht glücklich sein über seinen wunderschönen Ring, weil er ständig in Angst lebte, er könnte ihn verlieren. Wer mitten im Glück von der Angst vor dem Unglück heimgesucht wird, der ist unfähig, wirklich glücklich zu sein. Erst wenn das, wovor wir am meisten Angst hatten, eingetreten ist, zerstieben unsere Illusionen und wir kommen am Nullpunkt unseres Lebens an, vor dem wir mit viel Anstrengung davonzulaufen suchten. Doch gerade an diesem Nullpunkt, in der Tiefe unserer Seele, dort kommen wir zur Ruhe. Und von dort aus werden wir fähig, in der Ruhe den Frieden zu finden und im Frieden eine Ahnung von Glück.

Vaterwunden – Mutterwunden

Ein Baum kann nur wachsen und seine Krone entfalten, wenn er tiefe Wurzeln hat. Die Eltern stellen
unsere Wurzeln dar. Auch wenn Vater und Mutter
uns verletzt haben, so bilden sie doch die Wurzeln,
die uns nähren. Daher hat es wenig Sinn, wenn der
Sohn die Wurzeln seiner Mutter abschneidet. Dann
würde er wurzellos und sein Baum würde vertrock-
nen. Aber der Baum des Sohnes darf nicht mit dem
Baum der Mutter zusammenwachsen. Die Sym-
biose mit der Mutter würde seinem Baum den
Raum wegnehmen, den er zur Entfaltung braucht.
Nur der ist erwachsen, der sich von seiner Mutter
abgrenzen kann, der mit ihr sprechen kann, ohne
sich gegängelt zu fühlen, der mit ihr umgehen
kann, ohne sich ständig anzupassen.

Wer hätte keinen Grund zu weinen

Von Friedrich Nietzsche stammt der Satz: „Welches Kind hätte nicht Grund, über seine Eltern zu weinen." Wir alle – auch diejenigen, die inzwischen selbst Kinder haben – sind Töchter oder Söhne. Wir alle tragen unsere Familiengeschichte mit uns herum und sind Teil der Geschichte von anderen Menschen. Die Geschichte, die uns mit den eigenen Eltern von Anfang an verbindet, ist immer auch eine Geschichte, die zwei Seiten hat, positive und schmerzliche. Ob wir unsere eigene Lebensspur finden oder ob wir uns von unserer Lebensgeschichte bestimmen lassen, hängt davon ab, wie unsere Elternwunden heilen. Nur wer sich aussöhnt mit seinem Gewordensein, ist fähig zu entdecken, welche Möglichkeiten in ihm stecken. Er wird seine Eltern nicht mehr dafür verantwortlich machen, wenn sein Leben nicht so läuft, wie er sich das vorgestellt hat. In allen Verletzungen, die wir erfahren, können wir eine Chance sehen, das innerste Wesen der eigenen Person zu finden. Das tiefste Geheimnis unseres wahren Selbst kann uns aufgehen, wenn wir bewusst wahrnehmen, wie unsere Beziehung zu den Eltern war, was daran heilsam und was daran schmerzhaft und krankmachend war. Wer den Mut hat, die eigenen Verletzungen anzuschauen, der findet durch sie hindurch auch zu den positiven Wurzeln, die er von seinen Eltern mitbekommen hat. Denn die Eltern haben nicht nur verletzt, sie haben auch viel gegeben. Wir haben teil an ihrer Geschichte, an ihrer Begabung, an ihren Fähigkeiten. Wer den Eltern sein Leben lang wegen seiner Vater- und Mutterwunden einen Vorwurf macht, der schneidet sich von den positiven Wurzeln seiner Eltern ab. Dessen Leben hängt dann in der Luft.

Wunden verwandeln

Durch die Wunden hindurch haben wir Zugang zu unserem eigentlichen Kern. Bei allen Verletzungen ist dieser Kern nämlich in uns, unversehrt und heil. Wenn wir ihn entdecken, dann hören wir auf, unsere Eltern anzuklagen. Wir bleiben nicht bei den Verwundungen stehen, sondern sehen durch sie hindurch auf unser wahres Wesen, auf unser ursprüngliches Selbst. An diesen unseren unverfälschten Kern gelangen wir etwa, wenn wir unsere Lebensträume anschauen, die wir als Kinder hatten, wenn wir unsere kindlichen Berufswünsche analysieren. Wir können fragen: Welche Lebensspur steckt in meinem kindlichen Wunsch, Maurer oder Bäcker zu werden? Im Wunsch, Maurer zu werden, war eine Ahnung, etwas zu gestalten, das für andere wie ein Zuhause ist. Im Bild des Bäckers drückt sich die Idee aus, das Leben anderer zu versüßen. Ein anderer Weg, die eigene Lebensspur zu entdecken, wäre, sich an die Spiele zu erinnern, die wir als Kinder immer wieder gespielt haben. Da spielte eine Frau als Mädchen immer mit Puppen, zog sie schön an und sorgte für sie. In diesem kindlichen Spiel drückte sich ihre Lebensspur aus, für andere zu sorgen, andere zu hegen und zu pflegen. Wir können auch zu unserer Lebensspur finden, wenn wir das Lieblingsmärchen genauer anschauen, das wir als Kind so gerne hörten, oder an die Geschichten denken, die wir begeistert gelesen haben. So war ein Mädchen immer fasziniert von den Ausgegrenzten. Ihre Lebensspur, der Weg, der zu ihrem ureigensten Wesen führte, wurde: Ausgegrenzte annehmen.

Nichts verdrängen

Verdrängen hilft nicht: Wer seine Wunden nicht beachtet, der wird von ihnen bestimmt. Sie verfälschen seine Lebensspur. Er meint vielleicht, dass er sein eigenes Leben lebt. In Wirklichkeit wiederholt er nur die Verletzungen seiner Kindheit. Er wird von seinen Wunden bestimmt. Aber es geht nicht nur darum, die Wunden anzuschauen, sondern auch unsere positiven Ressourcen, die Quellen, aus denen unsere Seele seit der Kindheit trinken durfte, und die Träume, in denen sich die Gestalt unseres wahren Selbst zum Ausdruck brachte. Wenn wir in Berührung kommen mit unserem Wesen, so wie Gott es uns zugedacht hat, dann werden wir aufblühen, dann wird in uns neue Energie fließen und wir werden spüren, dass sich das Leben lohnt, dass wir Lust haben an diesem einmaligen Leben. Ein Kriterium, ob einer seine Lebensspur findet, ist immer, dass das Leben in ihm fließt und aus ihm herausströmt. Wenn z. B. meine Lebensspur in der Sorge für andere besteht, dann habe ich Lust daran, dann tut es mir auch gut. Wenn ich aber anderen nur helfe, um meine Mutterwunde nicht spüren zu müssen, vielleicht sogar um meinen eigenen Schmerz über nicht erhaltene Zuwendung zu betäuben, dann werde ich sehr schnell überfordert, ausgebrannt und erschöpft.

Spuren ins Leben

Die Eltern haben uns nicht immer das gegeben, was wir gebraucht hätten. Aber auch wenn das so ist: Wir sollten aufhören, ihnen das zum Vorwurf zu machen. Wir sollten ihnen danken für das, was sie uns wirklich an Positivem gegeben haben. Wir durften auch von ihnen nehmen. Sie bilden die Wurzeln, aus denen wir heute leben. Ohne diese Wurzeln verdorrt unser Lebensbaum.

Damit wir das, was uns die Eltern gegeben haben, annehmen und für unser Leben fruchtbar werden lassen, ist es wichtig, sie in ihrer Begrenztheit und in ihrer eigenen Geschichte zu verstehen. Wenn wir sie verstehen, verurteilen wir sie nicht. Wir sehen die Eltern in ihren Verwicklungen in die eigene Familiengeschichte. Wir können das, was sie uns nicht gegeben haben und womit sie uns verletzt haben, bei ihnen lassen, ohne es ihnen ein Leben lang vorzuwerfen.

Wer immer nur die Eltern für sein Schicksal verantwortlich macht und die eigene Verantwortung für sein Leben verweigert, der wird nie zu seiner inneren und äußeren Gestalt finden, er wird nie die Spur entdecken, die ihn zum Leben führt.

Die Perle entdecken

Wir müssen irgendwann einmal selber die Verantwortung für unser Leben übernehmen. Das heißt auch, dass wir uns aussöhnen müssen mit den Verletzungen, die wir als Kinder erfuhren. Dann können sie zu einer Quelle des Lebens werden. Dann werden unsere Wunden zu Perlen, wie Hildegard von Bingen sagt. Wenn wir unsere Verletzungen anschauen, können wir uns besser verstehen. Wir werden uns selber nicht verurteilen, dass wir so empfindlich reagieren. Es ist verständlich, dass wir mit diesen Wunden so empfindlich sind, so leicht kränkbar, so ängstlich gegenüber der Autorität. Erst das Verstehen befreit uns von der Selbstverurteilung.

Aber es darf nicht nur beim Verstehen bleiben. Es kommt darauf an, in meinen Wunden meine Begabung zu entdecken, eben die Perle, die mein Leben wertvoll macht. In der Wunde liegt immer auch meine Chance. Wenn ich z. B. zu wenig Zärtlichkeit empfangen habe, bin ich sensibel für alle Menschen, die an einem Defizit an Liebe leiden. Und weil ich nicht satt geworden bin in meinem Bedürfnis nach Liebe und Nähe, habe ich mich auf den spirituellen Weg gemacht. Ich gebe mich nicht damit zufrieden, mich gut einzurichten. Ich bleibe lebendig in meiner Sehnsucht nach Gott. Meine Lebensspur entdecke ich gerade in meinen Wunden. Meine Wunden werden so zu meiner Chance, mein eigenes Charisma zu erkennen und es zu leben. Auf diese Weise wird meine Wunde zur Quelle des Segens für mich und für andere.

Von der Begrenztheit lernen

Die Mutter schenkt dem Kind Geborgenheit und Urvertrauen. Sie ist die erste Bezugsperson für das kleine Kind und vermittelt schon dem Neugeborenen, dass es darauf vertrauen darf, dass die Welt gut ist und dass es sich auf das Gutsein der Welt und die Güte der Menschen verlassen darf. Die Mutter lässt ihr Kind erfahren, dass es so sein darf, wie es ist, dass es Bedürfnisse haben darf und dass diese Bedürfnisse gestillt werden. Sie zeigt ihm Nähe und Liebe, gibt ihm das Gefühl, dass es willkommen, bedingungslos angenommen und geliebt ist. Eine solche Grunderfahrung braucht das Kind als festes Fundament, auf dem es sich entfalten kann. Aber wohl keine Mutter kann diese Aufgabe immer und überall vollkommen erfüllen. Es wäre für das Kind auch gar nicht gut, wenn es die perfekte Mutter gäbe. Es kann nämlich nicht nur von der grenzenlosen Liebe der Mutter lernen, sondern auch von ihrer Begrenztheit.

Alleinsein – ein Segen

Viele Menschen haben heute Angst vor dem Alleinsein. Sie fühlen sich nicht, wenn sie allein sind. Sie brauchen ständig andere Menschen um sich, um sich überhaupt am Leben zu fühlen. Aber das Alleinsein kann auch ein Segen sein.

In der Einsamkeit spüre ich, was mein Menschsein eigentlich ausmacht, dass ich an allem teilhabe, am All der Schöpfung, letztlich an dem, der alles in allem ist. Wenn Dich der Engel des Alleinseins in diese grundlegende Erfahrung Deines Menschseins hineinführt, dann schwindet in Dir alle Angst vor Einsamkeit und Alleingelassenwerden. Denn Du spürst, dass Du dort, wo Du allein bist, mit allem eins bist. Dann erfährst Du Dein Alleinsein nicht als Vereinsamung, sondern als Heimat, als Daheimsein. Daheim sein kann man nur, wo das Geheimnis wohnt.

In uns selber ist der Ort

„Es ist unmöglich, Erleuchtete zu Sklaven zu machen, denn sie sind genauso glücklich in der Sklaverei wie in der Freiheit." (Anthony de Mello)

Wer das innere Licht gesehen hat, wer eins geworden ist mit Gott, der ist wahrhaft glücklich. Den kann keine äußere Gefangenschaft von seinem Glück trennen. Daher ist der wahre Weg zum Glück der innere Weg, oder wie Plato sagt, der Weg der Kontemplation.

    In uns ist ein Ort, an dem Gott wohnt. Und dort, wo Gott in uns wohnt, sind wir frei und heil. Dort sind wir glücklich. Dort sind wir im Licht. Dort kann die Finsternis der Sklaverei uns nicht ins Unglück stürzen. Denn dieser innere Raum ist der Welt und ihrer Macht nicht zugänglich. Dort ist der Herrschaftsbereich Gottes. Und über Gott hat niemand Macht. Gott ist letztlich unser wahres Glück, ein Glück, das uns niemand rauben kann, allerdings auch ein Glück, das wir nicht besitzen können. Denn Gott lässt sich nicht besitzen. Der Gott, der in uns wohnt, ist zugleich der Gott, der sich uns entzieht. Es ist der inwendige, aber zugleich unverfügbare Gott.

Neugeburt

Wir müssen in unserem Leben immer wieder von neuem geboren werden, damit unser Leben lebendig bleibt. Eine Krise, die alles zerbricht, was wir bisher aufgebaut haben, kann eine Chance zu einer Neugeburt sein. Das Feuer, in das wir geraten, kann ein Bild für das Neue sein, das in uns geboren werden will.

Heilsame Krisis

Es gibt Tränen, die loslassen, aber auch Tränen, die nur den Blick trüben, weil sie um das eigene Leid kreisen. Tränen der Trauer sind heilsam. Tränen des Selbstmitleids lassen uns nur in unserem eigenen Leid versinken. Sie lösen nichts, sondern überschwemmen uns.

Im eigenen Herzen

„Es gibt eigentlich nur zwei Heimsuchungen im Leben: Das nicht zu bekommen, was man sich unbedingt wünscht. Und, das zu bekommen, was man sich wünscht." (Anthony de Mello)

Manche meinen, wenn ihr Wunsch erfüllt würde, dann würden sie glücklich sein. Doch sobald ein Wunsch erfüllt wird, melden sich andere Wünsche. Und die Erfüllung hinterlässt oft einen schalen Beigeschmack. Wir haben uns sehnlichst gewünscht, unser Abitur gut zu schaffen. Wenn wir es dann mit einer guten Note bestanden haben, sind wir für einen Augenblick glücklich. Aber zwei Wochen später spüren wir, dass wir davon nicht leben können. Die Spannung, mit der wir auf das Abitur hin gelebt haben, lässt nach. Und statt glücklich werden wir eher depressiv.

Andere glauben, sie seien nur deshalb unglücklich, weil ihnen das Leben ihre Wünsche nicht erfüllt. Sie sind so fixiert darauf, dass ihre Wünsche erfüllt werden, sie machen ihr Glück von der Erfüllung der Wünsche abhängig, dass sie blind werden für das wahre Glück. Sie sehen das Glück in einem konkreten Geschenk. Doch das Geschenk allein ist nicht das Glück. Entscheidend ist, wie ich es empfange. Doch für manche ist es einfacher, auf Gott oder auf das Leben zu schimpfen, die am eigenen Unglück schuld seien, als sich auf die mühsame Suche nach dem Glück dort zu machen, wo es allein zu finden ist: im eigenen Herzen.

Wer sich nicht wandelt, erstickt

Jeder Aufbruch macht zuerst einmal Angst. Denn Altes, Vertrautes muss abgebrochen werden. Und während ich abbreche, weiß ich noch nicht, was auf mich zukommt. Das Unbekannte erzeugt in mir ein Gefühl von Angst. Zugleich steckt im Aufbruch eine Verheißung, die Verheißung von etwas Neuem, nie Dagewesenem, nie Gesehenem. Wer nicht immer wieder aufbricht, dessen Leben erstarrt. Was sich nicht wandelt, wird alt und stickig. Neue Lebensmöglichkeiten wollen in uns aufbrechen.

Mache dich auf

Wir sind oft nicht zufrieden mit dem, was wir gerade leben. Aber zugleich haben wir Angst, aufzubrechen, das Vertraute abzubrechen und einen inneren und äußeren Umbruch zu wagen. Aber das Leben werden wir nur erfahren, wenn wir bereit sind, uns immer wieder auf den Weg zu machen.

Das Glück breitet sich aus
Liebe geben, Liebe nehmen

Glück breitet sich aus

„Lernen wir uns zu freuen, so verlernen wir am besten, anderen weh zu tun." (Friedrich Nietzsche)

Viele Menschen geben sich Mühe, ihren Nächsten zu lieben. Der erste Schritt zur Nächstenliebe – so meinen sie – bestünde darin, den anderen nicht weh zu tun. Doch je mehr sie verhindern möchten, andere zu verletzen, desto mehr verletzen sie sich selbst. Und unbewusst wird dann die Selbstverletzung dazu führen, dass sie auch den andern nicht gut tun, dass die innere Aggressivität durch ihre freundliche Fassade hindurch dringt und verletzende Pfeile auf die Mitmenschen abschießt. Der beste Weg, den anderen nicht zu verletzen, ist, sich zu freuen, über das glücklich zu sein, was sich uns anbietet. Wenn wir mit uns im Einklang sind, dann müssen wir uns nicht mehr dazu zwingen, andere nicht zu verletzen. Dann werden wir das Wohlwollen, das wir uns selbst gegenüber spüren, auch anderen erweisen. Dann wird die Freude, die wir in uns spüren, auch die anderen aufrichten. Der Glückliche braucht andere nicht mehr zu verletzen. Wer verletzt ist, muss andere verletzen, um seine eigene Verletzung nicht mehr zu spüren. Wer glücklich ist, wird sein Glück dadurch ausdrücken, dass er auch anderen etwas von seiner Freude mitteilt. Die Freude strömt weiter. Das Glück breitet sich aus. Das ist der beste Schutz gegen alles verletzende und weh tuende Verhalten, gegen das wir oft mit soviel Willenskraft vergebens kämpfen.

Danken verbindet

Wenn wir für einen andern Menschen danken,
dann nehmen wir ihn bedingungslos an. Er muss
sich nicht ändern. Er ist so, wie er ist, wertvoll. Oft
merken es die Menschen, wenn wir für sie danken.
Denn von unserem Danken geht eine positive
Bejahung aus, in der sie sich vorurteilslos angenommen fühlen.

Wahrer Trost

Ich kann den andern nicht von außen her trösten, indem ich auf fromme Worte zurückgreife, die ich anderswo gelesen habe. Ich muss bei ihm eintreten. Ich muss es aushalten in seinem Haus der Dunkelheit, der Zerrissenheit, des Leids. Wenn Du es vermagst, in das Haus der Trauer einzutreten, dann empfindet Dich der Trauernde wie einen Engel des Trostes. Dann erfährt er, dass in Dir der Engel Gottes ihn besucht wie „das aufstrahlende Licht aus der Höhe" (Lk 1,78).

Von Herz zu Herz

Trösten geschieht vor allem im Reden, im Zusprechen von Worten, die wieder einen Sinn stiften in der Sinnlosigkeit, den jeder Verlust erst einmal verursacht. Aber die Worte dürfen kein bloßes Vertrösten sein. Denn das Vertrösten geht am Menschen vorbei. Im Vertrösten rede ich nicht gut zu, sondern am andern vorbei. Ich sage irgend etwas, von dem ich selbst nicht überzeugt bin. Ich nehme Worte in den Mund, die keinen Halt geben und keinen Sinn stiften. Trösten aber heißt, zum andern hin sprechen, Worte sagen, die ihn erreichen, die ihm ganz persönlich gelten, die zu seinem Herzen vordringen. Trösten heißt, Worte finden von Herz zu Herz, Worte, die aus meinem Herzen kommen und nicht auf irgendwelche leeren Floskeln zurückgreifen, Worte, die das Herz des andern berühren, die ihm einen neuen Horizont eröffnen und ihm einen festen Stand ermöglichen.

Grenzen des Mit-Leidens

Wenn Du einem anderen helfen willst, dann musst Du mit ihm fühlen und leiden können. Aber Du brauchst zugleich auch eine gewisse Distanz zu seinem Leiden. Wenn Du mit seinem Leiden gleichsam verschmilzt, wenn Du keine Grenze hast zu seinem Leid, dann gehst Du unter im Meer seines Leidens, ohne ihn daraus retten zu können. Es gibt ein Mitleid, das keine Grenze kennt. Das Mitleid, das Jesus in der Bibel meint, ist anders. Ich kann mein Herz dem andern nur öffnen, wenn ich in meiner Seele zuhause bin, wenn ich in mir einen festen Stand habe, wenn ich in Gott ruhe. Wenn ich mit dem andern grenzenlos mitleide, dann bedauere ich mich selbst, wie schlimm die Welt ist. Aber ich werde das Leid dadurch nicht lindern.

Bleibe bei dir

Wir erleben uns häufig als Menschen, die ständig über andere urteilen. Auch wenn wir nicht laut sprechen, so redet unser Herz unaufhörlich über andere. Dieses Urteilen hält uns davon ab, bei uns zu bleiben. Wir sind immer bei den andern. Wir sind immer darauf aus, bei ihnen Fehler zu entdecken, um unserer eigenen Wahrheit auszuweichen. Aber so kommen wir nie zu uns und nie zur inneren Ruhe.

Wer klammert, verweigert das Leben

Gelassenheit fordert auch ein Lassen von mir selbst. Ich soll mich selbst nicht festhalten, weder meine Sorgen, noch meine Ängste, noch meine depressiven Gefühle. Viele Menschen klammern sich an ihren Verletzungen fest. Sie können sie nicht lassen. Sie benutzen sie als Anklage gegen die Menschen, die sie verletzt haben. Aber damit verweigern sie letztlich das Leben. Wir sollen auch unsere Verletzungen und Kränkungen lassen. Du brauchst den Engel der Gelassenheit, der Dich unterweist in der Fähigkeit, Dich von Dir selbst zu distanzieren, zurückzutreten und Dein Leben von einem Stand jenseits Deiner selbst anzuschauen.

Liebe nehmen – Liebe geben

Wenn wir aufhören uns zu verausgaben, wenn wir uns die Liebe nehmen, die uns angeboten wird, dann wird auch unser Weg in die immer größere Schwachheit und Leere gestoppt. Wir brauchen nur die Augen zu öffnen. Es wird uns von vielen Menschen Liebe und Zuwendung angeboten. Wir müssen sie nur ergreifen. Wir sollen von unseren Eltern die Liebe nehmen, die sie uns schenken. Jeder durfte sich etwas vom Zipfel des Gewandes bei seinem Vater oder bei seiner Mutter nehmen. Es gibt keine Eltern, die ihren Kindern gar nichts geben. Auch wenn das Geben unserer Eltern beschränkt war, haben wir alle schon genommen. Und nur weil wir genommen haben, können wir geben.

Die Fülle des Lebens

Einen anderen segnen bedeutet, gut über ihn sprechen, ihm Gutes sagen, ihm das Gute zusagen, das ihm von Gott her zukommt. Indem ich das Gute in ihm anspreche, kommt er mit dem Guten in Berührung, das schon in ihm ist.

Segnen heißt aber nicht nur, Gutes über den andern sagen, sondern zu ihm selbst gut reden, ihm gute Worte sagen, die ihn aufrichten. Für die Juden bedeutet Segen die Fülle des Lebens. Der von Gott gesegnete Mensch hat alles, wessen er bedarf.

Wenn ich einen Menschen segne, wünsche ich ihm alles erdenklich Gute, wünsche ich ihm, dass Gott ihm die Fülle des Lebens schenken möge und dass er selbst zu einer Quelle des Segens werden darf für andere.

Wenn wir andere Menschen segnen, dann geht von uns Segen aus in unsere Umgebung. Wir werden ihnen anders begegnen, wir werden mit neuen Augen auf sie schauen. Wir geben im Segnen den Segen weiter, mit dem wir von Gott beschenkt werden. Ein gutes Wort ist über uns gesprochen. Wir sind gesegnet.

Sich-Verstehen

Sich-Verstehen heißt, dass keiner den andern für sich benutzt, sondern dass beide gut zueinander stehen, dass sie in guter Beziehung zueinander stehen. Das gelingt aber nur, wenn jeder für sich selbst gut stehen kann. Ich kann mich mit dem Freund nur dann gut verstehen, wenn ich mich selbst verstehe, wenn ich genügend Selbsterkenntnis gewonnen habe.

Mit den Augen der Liebe

Lieben heißt nicht zuerst, liebevolle Gefühle zu haben. Lieben kommt von liob, gut. Es braucht zuerst den Glauben, das gute Sehen, um dann lieben, gut behandeln zu können. Liebe braucht erst eine neue Sichtweise. Bitte Deinen Engel der Liebe, dass er Dir neue Augen schenken möge, dass Du die Menschen um Dich und dass Du Dich selbst in einem neuen Licht sehen kannst, dass Du den guten Kern in Dir und den andern entdecken kannst.

Güte strahlt aus

Gütig ist der Mensch, der es gut mit uns meint. Von einem gütigen Menschen strahlt Wärme aus. An seinem gütigen Blick und gütigen Worten spürt man, dass sein Herz gütig ist, dass das Gute in ihm die Oberhand gewonnen hat. Die Güte strahlt aus einer Seele, die in sich gut ist, die erfüllt ist von einem guten Geist, die mit sich im Einklang ist. Wer seine Seele als gut erfährt, der glaubt auch an das Gute im andern Menschen. Weil er das Gute im andern sieht, wird er ihn auch gut behandeln. Er lockt durch sein gütiges Verhalten den guten Kern im andern hervor.

Hetze nicht – lebe
Ruhig und gelassen werden

Verdrängte Sehnsucht

Der Mensch, der seine Sehnsucht verdrängt, ersetzt sie durch die Sucht. Die Sucht ist immer Ausdruck einer unterdrückten und nicht eingestandenen Sehnsucht. Die Sucht treibt den Menschen zu immer neuer Bedürfnisbefriedigung. Er muss ständig Alkohol trinken oder eine Droge nehmen. Der Arbeitssüchtige hat nie genug. Immer muss er noch mehr arbeiten. Er wird von seiner Sucht getrieben. Die Unruhe, die heute viele erfasst hat, ist oft Ausdruck der Sucht, die sie bestimmt. Die Sucht macht den Menschen unersättlich.

Unser ruheloses Herz

Für Augustinus ist der Mensch wesentlich einer, der sich sehnt. Er sehnt sich nach Erfolg, nach Besitz, nach einem Freund, nach einem Menschen, der ihn liebt. Aber in all diesen Sehnsüchten sehnt er sich letztlich nach Gott, nach wahrer Heimat, nach absoluter Liebe, nach absoluter Geborgenheit. Augustinus ist selbst ein Mensch mit einer tiefen Sehnsucht nach Ruhe und Heimat. In den „Confessiones" fragt er: „Wer gibt mir, dass ich Ruhe finde in dir? Wer gibt mir, dass du kommest in mein Herz und es trunken machest, dass ich vergesse meine Sünden und dich umfange, du mein einzig Gut?" Und er gibt selbst die Antwort: „Ruhelos ist unser Herz, bis es Ruhe findet in dir."

Wachsflügel

Heute gibt es viele, die zu früh von spirituellen
Wegen fasziniert sind. Sie meinen, sie könnten
diese Wege gehen, ohne vorher den beschwer-
lichen Weg der Selbsterkenntnis, der Begegnung
mit den eigenen Schattenseiten, gegangen zu sein.
Die Mönche warnen uns vor einer himmelstürmen-
den Spiritualität. Allzu leicht wird es uns wie dem
Ikarus gehen, der sich aus Wachs Flügel baute und
dann abstürzte, als er der Sonne zu nahe kam.
Die Flügel, die wir uns bauen, bevor wir unserer
eigenen Wirklichkeit begegnet sind, sind nur aus
Wachs. Sie tragen nicht.

Innehalten

Es braucht das Innehalten, um stille zu werden. Ich muss aufhören, herumzulaufen und zu hetzen. Ich muss stehen bleiben, bei mir bleiben. Wenn ich stillhalte, dann werde ich zuerst mir selbst begegnen. Da kann ich meine Unruhe nicht mehr nach außen verlagern. Ich werde sie in mir wahrnehmen. Nur wer seiner Unruhe standhält, kommt zur Stille. „Still" hat auch mit „stillen" zu tun. Die Mutter stillt das Kind, bringt das vor Hunger schreiende Kind zur Ruhe. So muss ich meine eigene Seele, die innerlich laut schreit, beruhigen. Wenn ich nicht mehr außen herumlaufe, dann meldet sich der Hunger meines Herzens. Es braucht dann Nahrung. Ich muss mich mütterlich meinem Herzen zuwenden, damit es Ruhe gibl. Doch viele haben Angst, sich auf das lärmende Herz einzulassen. Sie lenken es lieber ab, indem sie von Ort zu Ort hasten. Aber ihr Herz schreit weiter. Es lässt sich nicht ablenken. Es braucht Zuwendung. Es will gestillt werden.

Auf Rituale achten

Wenn ich mein Leben selber forme, wenn ich ihm eine Gestalt gebe, die mir entspricht und die mir gut tut, dann habe ich zugleich Lust am Leben. Ich habe das Gefühl, dass ich selber lebe, statt gelebt zu werden. Es ist mein Stil, wie ich aufstehe, wie ich den Tag beginne, wie ich an die Arbeit gehe, wie ich die Mahlzeit gestalte, wie ich den Tag abschließe. Ein gesunder Lebensstil braucht gesunde Rituale. Wenn wir auf unsere Rituale nicht achten, schleichen sich unwillkürlich ungesunde und krankmachende Rituale ein, z. B. dass wir in den Tag hineinhetzen, das Frühstück herunterschlingen, immer zu spät kommen. Gesunde Rituale bringen mich in Ordnung, und sie schenken mir Freude daran, mein Leben selbst zu gestalten.

Erhart Kästner schreibt über die Riten, die er auf dem Berg Athos beobachtet: „Neben dem Drang, die Welt zu gewinnen, liegt ein eingeborener Drang, immer Selbes aus uralten Formen zu prägen. In Riten fühlt sich die Seele wohl. Das sind

ihre festen Gehäuse. Hier lässt es sich wohnen....
hier stehen die gefüllten Näpfe bereit, die Opfer-
schalen der Seele. Hier fährt sie aus, fährt sie ein;
gewohnte Gaben, gewohntes Mahl. Der Kopf will
das Neue, das Herz will immer dasselbe" (Die
Stundentrommel vom Heiligen Berg Athos).

Gesunde Rituale geben dem Leben Ver-
trautheit, Geborgenheit, Klarheit. Da lässt es sich
wohnen, daheim sein.

Leib und Seele

Die Ruhe beginnt bei der Seele. Zuerst muss das
Innere in uns zur Ruhe kommen. Dann wird sich
die Ruhe auch im Leib auswirken. Wenn das Herz
ruhig geworden ist, dann werden wir auch unser
Tun in aller Ruhe vollziehen, dann werden unsere
Bewegungen aus der inneren Ruhe herausfließen,
dann haben wir teil an der schöpferischen Ruhe
Gottes.

Ruhe kann man nicht machen

Der Unfähigkeit, zur Ruhe zu kommen, entspricht die Sehnsucht des heutigen Menschen, endlich einmal abschalten und ruhig werden zu können. Kurse, die Wege zur inneren Ruhe verheißen, sind überfüllt. Man erwartet von psychologischen Methoden oder von körperlichen Entspannungstechniken, dass man endlich auch die innere Ruhe findet, nach der man sich sehnt. Ruhe kann man aber nicht durch äußere Entspannungstechniken erzeugen. Sie ist Ergebnis eines spirituellen Weges.

Kafkas Weg zum Glück

„Theoretisch gibt es eine vollkommene Glücks-
möglichkeit: An das Unzerstörbare in sich glauben
und nicht zu ihm streben." (Franz Kafka)

Es ist ein eigenartiger Weg, den der jüdische Dichter Franz Kafka in dem angeführten Text als Weg
zum Glück beschreibt. Auf der einen Seite sollen
wir daran glauben, dass in uns das Unzerstörbare
ist, dass in uns Gott wohnt. Aber wir sollen nicht zu
ihm streben. Wir sollen darauf verzichten, diesen
Gott in uns zu erreichen, etwa durch Meditation
oder Kontemplation. Wir sollten an den Gott in uns
glauben, ohne uns dem Druck auszusetzen, diesen
Gott auch zu erfahren und zu spüren. Der Glaube,
die Vorstellung von diesem Unzerstörbaren in uns,
genügt schon. Die Vorstellung, dass Gott in mir
wohnt und dass dort, wo Gott in mir wohnt, die
Welt keine Macht über mich hat und niemand
mich verletzen kann, genügt, um mich innerlich
frei zu fühlen, um das Glück in mir zu finden. Es ist

ein paradoxer Satz Kafkas: Ich werde glücklich sein, wenn ich darauf verzichte, das Glück zu spüren. Ich werde an das Unzerstörbare in mir glauben, wenn ich es aufgebe, das Unzerstörbare durch irgendwelche meditative oder asketische Techniken zu erreichen. Das Unzerstörbare ist in mir, auch wenn ich es nicht spüre. Gott ist in mir, auch wenn ich ihn nicht erfahre. Dieser Glaube an den unzerstörbaren Gott in mir schenkt das wahre Glück, das Glück jenseits aller Erfahrung, jenseits allen Glücksgefühls.

Lebenssorgen – Lebensziele

In der Bergpredigt fordert uns Jesus auf, unsere Sorgen um uns loszulassen: „Macht euch keine Sorgen und fragt nicht: Was sollen wir essen? Was sollen wir trinken? Was sollen wir anziehen?" (Mt 7, 31). Wir sollen uns also nicht ohne Unterlass den Kopf zerbrechen, ob wir in unserer Lebensgeschichte satt geworden sind, ob wir genügend Zuwendung und Zärtlichkeit erfahren haben, ob wir zu kurz gekommen sind, ob wir gut aussehen und den Erwartungen der Menschen entsprechen. „Denn um all das geht es den Heiden. Euch aber muss es zuerst um sein Reich und um seine Gerechtigkeit gehen; dann wird euch alles andere dazugegeben" (Mt 6, 32 f). Nur wenn wir über uns selbst hinaussehen auf ein Ziel, das uns übersteigt und uns transzendiert, nur dann wird unser Leben heil werden. „Reich Gottes" als Ziel unseres Suchens meint, dass Gott in uns herrscht und nicht mehr unsere Lebensmuster, nicht mehr die Stimmen unserer Eltern, die sich im Über-Ich verinnerlicht haben. Wenn Gott in uns herrscht, dann kommen wir zu unserem wahren Selbst. Das Ziel, das wir in unserem Leben anstreben sollen, besteht nicht in einer Leistung, sondern in einem Sein, in einer Sendung.

Dampf ablassen

Wenn wir zu aufgewühlt sind, dann ist es besser, erst einmal die Unruhe durch einen längeren Spaziergang oder einen Waldlauf zu vertreiben. Im Gehen kann ich mich freigehen von der inneren Unruhe, von Problemen, die mich umtreiben. Der dänische Religionsphilosoph Sören Kierkegaard hat die Erfahrung gemacht, dass es keinen Kummer gibt, den er sich nicht weggehen kann. Auch im ruhigen Laufen kann ich mich freilaufen von dem, was mich beschäftigt. Allerdings wird das nicht gelingen, wenn mein Joggen von einem inneren Leistungsdruck geprägt ist, wenn ich immer nur die Kilometer zähle, die ich mir als Pensum vorgenommen habe. Ich muss mich ganz der Bewegung überlassen. In der Bewegung übernehme ich das innere Bewegtsein und bringe es zur Ruhe. Wenn ich mich nach einem Spaziergang im Zimmer zur Meditation hinsetze, dann bin ich viel ruhiger als vorher. All die innere Unruhe ist verflogen. Gerade in unserer hektischen Welt brauchen wir leibhafte

Weisen, um die Unruhe zu vertreiben. Das kann neben dem Spazieren gehen oder Laufen auch eine Gartenarbeit sein. Wenn ich mit dem Leib meinen inneren Dampf ablasse, kann ich nachher viel ruhiger sein.

Das Eigentliche berühren

Meditation ist der Weg, auf dem wir zum inneren Ort der Ruhe kommen. Meditation heißt nicht, dass wir immer ganz still sein müssen. Wir dürfen uns da nicht unter Leistungsdruck setzen. Meditation hat nichts mit Konzentration zu tun. Die Gedanken werden weiter auftauchen. Wir können sie nicht abstellen. Aber wenn wir sie nicht beachten, wenn wir durch Wort und Atem immer tiefer in den eigenen Seelengrund gelangen, dann kann es sein, dass es für einen Augenblick ganz still ist in uns. Ich spüre dann: jetzt berühre ich das Eigentliche.

Wo wohnt das Glück?

„Nicht im Besitz von Herden noch im Golde befindet sich das Lebensglück; Wohnsitz des Glücks ist die Seele." (Demokrit)

Viele streben nach Glück, indem sie möglichst großen Reichtum erwerben. Doch Reichtum macht nicht glücklich. Wer das Glück nicht in seiner Seele spürt, der läuft ihm in der Welt des Besitzes oder Erfolges vergeblich hinterher. Er wird nie genug besitzen, er wird nie genügend beachtet werden, er wird nie soviel Erfolg haben, dass er glücklich ist. Glück wohnt in der Seele, im inneren Bereich des Menschen. Dort, wo der Mensch mit sich im Einklang ist, wo er seine Einmaligkeit spürt, dort wo er um seine göttliche Würde weiß, dort ist ein Glück, das ihm kein Misserfolg, kein Verlust und keine Ablehnung zu rauben vermag.

Frieden breitet sich aus

Von der Erfahrung des inneren Friedens gehen auch friedvolle Gedanken zu meinen Mitmenschen. Da haben feindliche und ärgerliche Gedanken keinen Raum. Friede ist für mich nicht zuerst ein Appell, dass ich mit allen friedlich leben sollte. Vielmehr entspringt der Friede zu den Menschen der Erfahrung meines inneren Friedens. Ich muss dann gar keinen Frieden schaffen. Es ist in mir Friede. Und der breitet sich von allein aus.

Finde Zeit – nur für dich

Wenn Du den Mut findest, allein zu sein, kannst Du auch entdecken, wie schön es sein kann, einmal ganz für sich zu sein, nichts vorweisen, nichts beweisen, sich nicht rechtfertigen zu müssen. Da kannst Du vielleicht die Erfahrung machen, dass Du ganz und gar mit Dir eins bist.

Gelassen – und bei sich selber bleiben

Wahre Ruhe des Herzens erlangen wir nach Cassian nur, wenn wir die inneren Feinde, unsere „eigenen Hausgenossen" (Mt 10, 36), zum Schweigen gebracht haben. „Wo nämlich unsere eigenen Hausgenossen nicht mehr gegen uns kämpfen, dort ist Gottes Reich in der Ruhe des Herzens verwirklicht." Das Reich Gottes ist in uns, wenn wir nicht mehr von unseren Leidenschaften und Emotionen, von unseren Bedürfnissen und Wünschen hin und her gerissen werden.

Sanft und gesammelt

Wer gesammelt ist, der bringt in sich das Verschie-
dene und Zerstreute zusammen. Er ist mit sich
selbst vereinigt. Er ist eins mit sich, eins mit dem,
was er tut. Er lässt sich nicht von den verschiedensten Dingen und Tätigkeiten ablenken. Er bringt alles zusammen. Das Wort Sammlung klingt in allen
Worten an, die mit dem Suffix „sam" enden. Der
Acht„same" bringt die Achtung, die Überlegung
mit seinem Tun, mit dem Gegenstand, den er berührt, mit dem Augenblick zusammen. Der
Behut„same" verbindet die Hut, den Schutz, mit
dem, was er tut. Er breitet über alles, was er tut,
seine Fürsorge, seine Obhut, seine Bewachung. Er
ist wach bei dem, was er tut. Und das Wort
„Sammlung" ist eingegangen in das Wort „sanft".

Sanft ist der, der friedlich zusammen ist mit den
Menschen und mit den Dingen, mit denen er um-
geht. So führt die Sammlung heraus aus der Zer-
streuung, aus der Ablenkung, aus der Unruhe, und

hinein in ein gesammeltes, achtsames, sanftes Tun. Wer zusammen ist mit dem, was er berührt, der geht sanft damit um. Wer zusammen ist mit sich selbst, mit seinen verschiedensten Bedürfnissen und Wünschen, mit seinen Leidenschaften und Emotionen, der ist sanft mit sich selbst, der lebt im Frieden zusammen mit den Gegensätzen, die in ihm sind. Und wer beim andern ist, dem er begegnet, der kann nicht grob und hart sein. Wer mit dem andern zusammen ist, wird ihm sanft gegenübertreten.

Mildes Licht

Für mich ist das milde Herbstlicht immer ein Bild für einen Menschen, der auf sich selbst, auf seine Fehler und Schwächen, aber auch auf die Menschen und ihre Menschlichkeiten mit einem milden Blick sieht. Mit seinem milden Blick taucht ein solcher Mensch seine eigene Wirklichkeit und die der Menschen um sich herum in ein mildes Licht.

Im milden Herbstlicht wird alles schön. Da leuchten die bunten Blätter am Baum in ihrer ganzen Schönheit. Da ist aber auch der dürre Baum schön. Da bekommt alles seinen eigenen Glanz.

Ich kenne alte Menschen, von denen so eine Milde ausgeht. In ihrer Nähe bin ich gerne. Mit ihnen unterhalte ich mich gerne. Da geht eine Erlaubnis aus, dass ich so sein darf, wie ich bin, und eine Zustimmung: „Es ist doch alles gut." Das Leben hat diese alten Menschen oft hin- und hergeschüttelt. Sie sind durch Höhen und Tiefen gegangen. Aber jetzt im Herbst ihres Lebens schauen sie mit einem milden Blick auf alles. Es ist ihnen nichts

Menschliches fremd geblieben. Aber sie verurteilen nichts. Sie lassen es im milden Herbstlicht leuchten, so wie es halt geworden ist.

Wenn die Zeit still steht

Zeit und Ewigkeit fallen im Augenblick zusammen. Wenn wir ganz im Augenblick sind, dann steht die Zeit still. Jeder hat vermutlich schon die Erfahrung gemacht, dass er fasziniert einen Sonnenuntergang betrachtet hat. Und er hat dabei gar nicht gemerkt, wie die Zeit vergangen ist. Wenn wir uns ganz intensiv auf etwas einlassen, vergessen wir die Zeit, da hört die Zeit auf, da sind wir nur noch reiner Augenblick, reine Gegenwart. Das ist dann die Ahnung der ewigen Sabbatruhe, an der wir jetzt schon teilhaben.

Die Lehre des Panthers

Wenn wir einen Panther in einem Käfig beobachten, dann bewundern wir, wie souverän und langsam er seine Bewegungen macht. Wir wissen, dass er im nächsten Augenblick auch unglaublich schnell sich auf ein Opfer stürzen kann. Aber er hat Zeit, er lässt sich Zeit. Bei uns ist Zeit Geld.

Wir müssen möglichst viel Zeit einsparen, um sie für Wichtigeres frei zu haben. Aber die Frage ist: Was ist dann für uns wichtiger? Mit dem, was uns dann übrig bleibt, können wir oft genug nichts anfangen. Meist hetzen wir. Aber wohin?

Absolut ruhig

Erfahrungen absoluter Ruhe, in denen Zeit und
Ewigkeit zusammenfallen, können wir machen,
wenn wir in der Betrachtung einer Blume, einer
Landschaft, eines Gemäldes aufgehen. Wenn wir
ganz im Schauen sind, dann gibt es keinen Unter-
schied mehr zwischen Schauer und Beschauten,
dann fallen beide in eins zusammen. Und dann
hört auch die Zeit auf. Oder wir können solche
Ruhe erahnen, wenn wir einen langsamen Satz von
Bach oder Mozart hören, wenn wir ganz Ohr sind,
uns von nichts ablenken lassen, ganz im Hören
aufgehen. Dann berühren wir mitten in der Zeit die
Ewigkeit, dann hört im Hören die Zeit auf. Manchmal geht es uns auch im Lesen so. Wir lesen ein
Buch. Auf einmal berührt uns etwas. Wir können
nicht weiter lesen. Wir bleiben stehen, ohne darüber nachzudenken. Wir sind einfach da.

Keine Sorge

Ängstliches Sorgen verdunkelt den Geist. Ich werde
zwar für meine Zukunft sorgen. Aber ich werde
nicht vernünftig handeln. Die Angst wird mich zu
unsinnigen Ausgaben und Absicherungen treiben.
Die Kunst besteht darin, für die Zukunft zu sorgen
und zugleich die Sorge wieder loszulassen. Ich soll
das tun, was in meiner Hand ist, und mich dann
vertrauensvoll Gott überlassen.

Im Schatten eines Baumes

Es war einmal ein Mann, den verstimmte der Anblick seines eigenen Schattens so sehr, der war so unglücklich über seine eigenen Schritte, dass er beschloss, sie hinter sich zu lassen. Er sagte zu sich: Ich laufe ihnen einfach davon. So stand er auf und lief davon. Aber jedes Mal, wenn er seinen Fuß aufsetzte, hatte er wieder einen Schritt getan, und sein Schatten folgte ihm mühelos. Er sagte zu sich: Ich muss schneller laufen. Also lief er schneller und schneller, lief so lange, bis er tot zu Boden sank. Wäre er einfach in den Schatten eines Baumes getreten, so wäre er seinen eigenen Schatten losgeworden, und hätte er sich hingesetzt, so hätte es keine Schritte mehr gegeben. Aber darauf kam er nicht.

Quellen

SCHRIFTEN VON ANSELM GRÜN

- *50 Engel für das Jahr*. Freiburg: Herder, 1997 (= Jahr).
- *50 Engel für die Seele*. Freiburg: Herder, 2000 (= Seele).
- *Herzensruhe*. Freiburg: Herder, 1998 (= Herzensruhe).
- *Jeder Mensch hat einen Engel*. Freiburg: Herder, 1999 (= Mensch).
- *Finde deine Lebensspur*. Zusammen mit Maria M. Robben. Freiburg: Herder, 2001 (=Lebensspur).
- *Weihnachten – einen neuen Anfang feiern*. Freiburg: Herder, 1999 (= Weihnachten).
- *Österlich leben*. Freiburg: Herder, 2000 (=Ostern)
- *Und alles lassen weil Er mich nicht lässt*. Lebenskultur aus dem Evangelium. Freiburg: Herder, 5. Aufl. 1998 (=Lebenskultur)
- *Der Himmel beginnt in dir*. Das Wissen der Wüstenväter heute. Freiburg: Herder, 5. Auflage 2000 (=Himmel)

Nicht angegebene Texte sind Originalbeiträge.

Versöhn dich mit dir selbst
Der Weg zur Herzensruhe

Wenn das Glück zu Besuch kommt
Sei achtsam auf das Wunder

Wenn Fesseln sich lösen: Mensch, 137; Wichtig ist, was gerade ist: Seele, 34 f.

Wer sich nicht wandelt, erstickt: Jahr, 25; Wunden verwandeln: Lebensspur, 10 f.

DAS GLÜCK BREITET SICH AUS
LIEBE GEBEN, LIEBE NEHMEN

HETZE NICHT – LEBE
RUHIG UND GELASSEN WERDEN